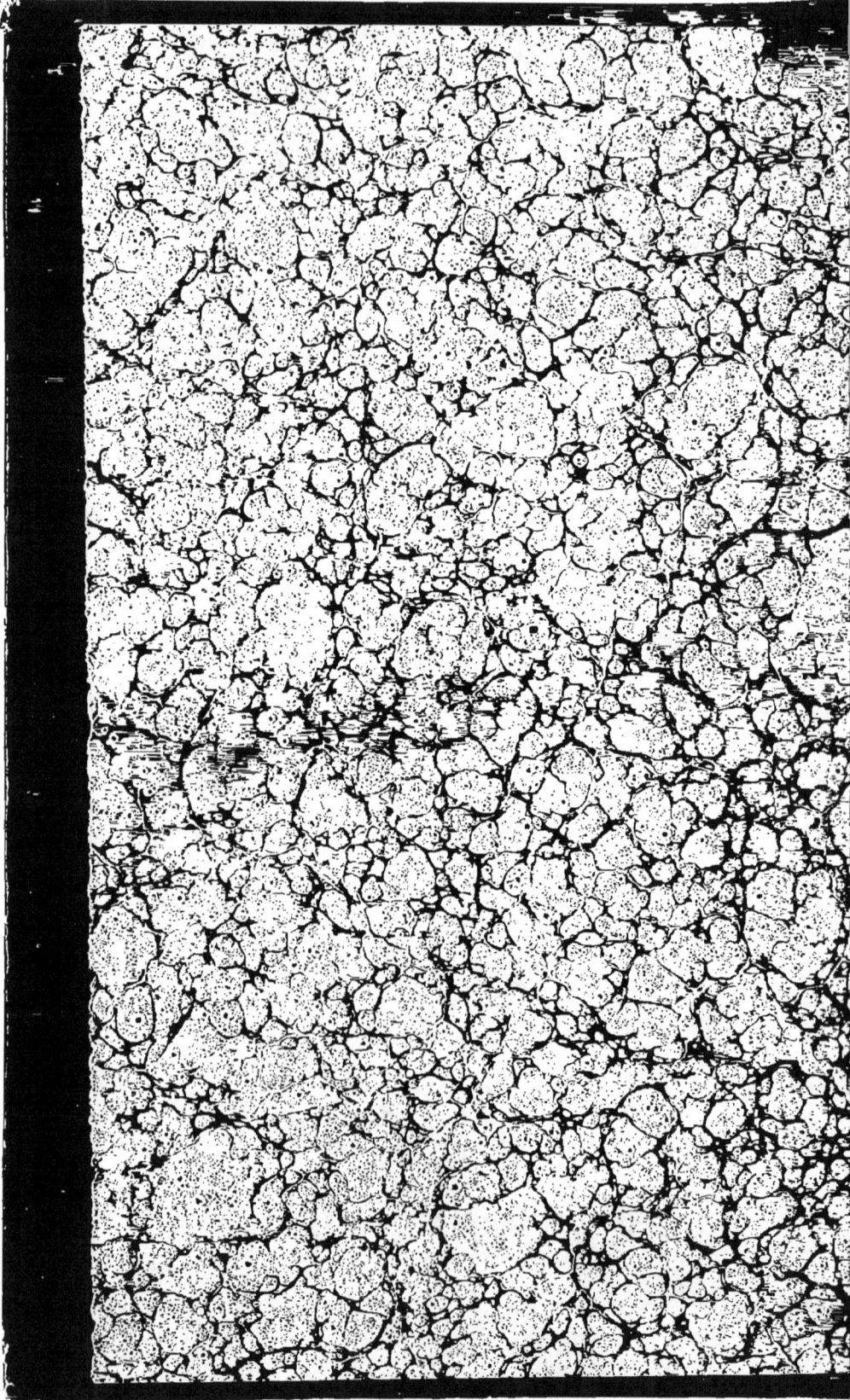

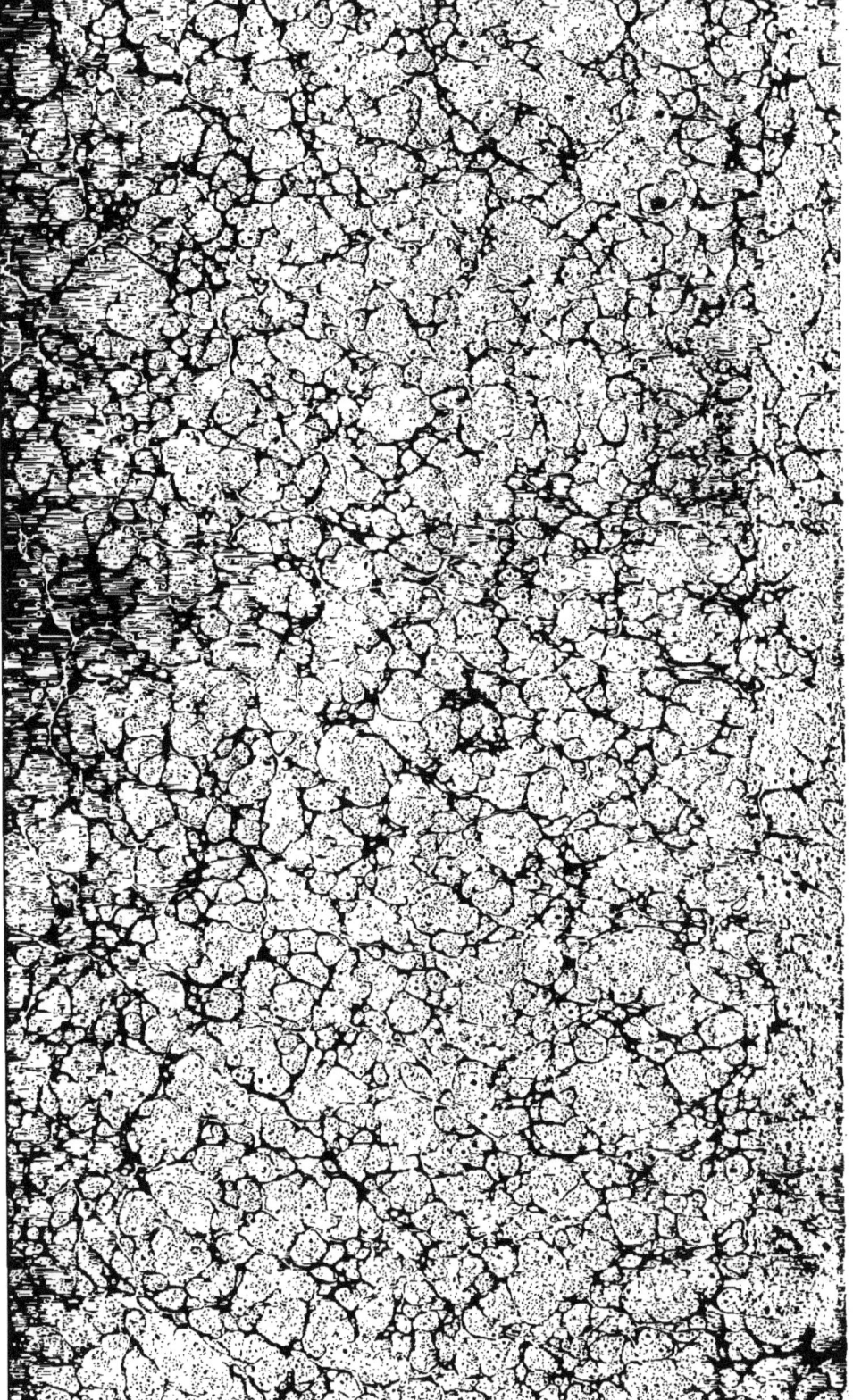

LA
REINE HORTENSE
EN ITALIE
EN FRANCE ET EN ANGLETERRE

PENDANT L'ANNÉE 1831

Paris. — Imp. de la Librairie Nouvelle, A. Bourdilliat, 15, rue Breda

LA REINE HORTENSE

EN ITALIE

EN FRANCE ET EN ANGLETERRE

PENDANT L'ANNÉE 1831

FRAGMENTS DE SES MÉMOIRES INÉDITS

ÉCRITS PAR ELLE-MÊME

PARIS
LIBRAIRIE NOUVELLE
BOULEVARD DES ITALIENS, 15

A. BOURDILLIAT ET Cᵉ, ÉDITEURS

La traduction et la reproduction sont réservées

1861

LA
REINE HORTENSE

EN ITALIE

EN FRANCE ET EN ANGLETERRE

PENDANT L'ANNÉE 1831

Arenenberg, 22 septembre 1833.

Mes amis ont pensé qu'après la publicité officielle donnée à mon passage à Paris en 1831, et les nouvelles erreurs répandues à cette occasion sur mon compte, c'était un devoir pour moi d'expliquer au public, seul juge en dernier ressort de ce qui est bien comme de ce qui est mal, les motifs qui m'ont obligée à enfreindre momentanément une loi de mon pays, loi injuste, sans doute, mais que je devais respecter. Les conseils de leur amitié ont triomphé de ma réserve, et je me suis décidée à faire paraître le récit de mes derniers malheurs. Je le fais avec une sorte de crainte; me placer en évidence par ma volonté, c'est agir d'une façon contraire à la vie que j'ai toujours souhaitée. J'avais écrit pour soulager mon cœur de ses douloureuses impressions, sans penser qu'elles dussent être connues; à présent que je me laisse convaincre de la nécessité de rendre tout le monde juge de ce que j'ai fait, comme de ce que j'ai senti, je ne me repentirai pas de cette démarche, si ceux qui vont me lire, s'identifiant avec mes douleurs, m'accordent un sentiment d'intérêt et d'affection que j'ai toujours ambitionné de mes compatriotes.

HORTENSE.

RÉCIT

DE

MON PASSAGE EN FRANCE

ET DES CAUSES QUI L'ONT AMENÉ

I

Après avoir reçu de la fortune tout ce qu'elle peut prodiguer de grandeurs et d'adversités, après avoir retracé les brillants et tristes détails de ces vicissitudes dans des souvenirs achevés en 1820, j'espérais que le sort, fatigué de m'accabler, ne me réservait plus que le repos; je croyais l'avoir obtenu enfin; mais la douleur, qui me trouve sans courage parce qu'elle anéantit toutes mes facultés, la douleur si déchirante que cause la perte d'objets chéris, il m'a fallu en être frappée à coups redoublés, et, chaque fois que ma raison reprenait de l'empire, que je me resserrais avec une sorte de joie autour de ce qui me restait, la mort impitoyable revenait sans cesse m'isoler davantage.

En 1821, j'eus à supporter le chagrin d'apprendre la mort affreuse de l'Empereur. Lui, si grand de facultés et si grand d'âme, qui voua son génie au bien-être des peuples et sembla les enchaîner pour briser à jamais leurs chaînes ; lui qui préparait le siècle de la liberté, en éclairant les nations, et en introduisant dans nos mœurs comme dans nos lois le règne de l'égalité, il périssait dans une île malsaine et déserte, loin des siens, à la merci de ses ennemis, méconnu de la France qu'il avait rendue si puissante et si prospère, de l'Europe où chacune de ses conquêtes apportait des institutions regrettées aujourd'hui ! Il n'avait pour toute consolation dans son isolement, que l'avenir de gloire qu'il savait bien lui être réservé. Lui seul devait pressentir la justice qui lui serait rendue un jour, parce que lui seul comprenait alors tout le bien qu'il avait fait et tout le bien qu'il avait voulu faire.

En 1824, j'eus encore la douleur de perdre le frère le plus parfait et le plus tendrement aimé : il était dans la force de l'âge et de la santé. Déjà dès l'année précédente les symptômes de la crise terrible qui nous l'enleva plus tard nous avaient fait sentir toutes les angoisses d'une séparation éternelle. Présente à sa maladie, combien mon courage avait été mis à une terrible épreuve, quand je l'avais vu mourant, abandonné des médecins ; quand seule j'avais été chargée de lui faire faire ses dernières dispositions, et que j'avais encouragé à lui donner les remèdes qui le sauvèrent et nous le rendirent pour quelques mois encore ! Quel temps heureux que ces quinze jours que nous passâmes ensuite en famille sur les bords du lac de Constance ! Comme un malheur qu'on vient d'éviter ajoute de jouissances à la vie! Comme elle s'embellit de tout ce que le ciel nous laisse de bienfaits! Je puis dire qu'alors je sentais vivement le bonheur qui me restait; toute autre infortune avait disparu. J'avais craint de perdre mon frère, mon ami, mon soutien, et je le conservais! et il m'était rendu!... Remplie de sécurité, je partis pour l'Italie, et c'est là que je reçus l'affreuse nouvelle qu'il était retombé malade, et que traité de la même manière (par la saignée, qui une première fois lui avait été si contraire), doucement il sembla s'endormir..... Il n'existait plus!...

Après ce malheur, un des plus grands de ma vie, je passai l'hiver à ma campagne en Suisse. Je faillis y mourir; j'étais anéantie; je n'avais plus la force de lutter contre tant de douleurs : l'amour maternel me sauva. Il fallait vivre, j'avais encore des enfants! Le courage me revint.

Madame Campan qui m'avait élevée, madame de Caulaincourt qui fut madame d'honneur, toutes deux m'aimaient aussi tendrement que si j'eusse été leur fille, il me fallut encore les regretter.

Le bon roi de Bavière mourut aussi. Je perdais le dernier protecteur qui me restait, et la Bavière n'avait plus d'intérêt pour moi. J'éprouvai des difficultés pour aller en Italie ; je parvins enfin à les surmonter, et tous les ans j'allai passer l'hiver à Rome et je revenais l'été habiter ma campagne d'Arenenberg en Suisse. La douce consolation que me procuraient mes enfants, le dévouement de quelques amies, la constante affection de la grande-duchesse de Bade, qui seule de ma famille m'a donné des soins dans mes malheurs ; les voyages, le beau ciel de l'Italie, l'amour des arts, enfin tout ce qui distrait, rien de ce qui touche vivement, avaient rendu de la douceur à ma vie. Ma santé s'était fortifiée, les douleurs de mon âme s'étaient calmées, lorsque la révolution de juillet vint tout à coup me faire sortir de cet état de tranquillité, pour me jeter de nouveau dans toutes les agitations de la vie.

Mon fils aîné avait épousé sa cousine, seconde fille du roi Joseph. Il vivait à Florence près de son père. Il était remarquablement beau et bon,

rempli d'intelligence, de feu et du besoin de dépenser ses facultés pour le bonheur des autres. Malgré les grandeurs qui avaient environné son enfance et dont j'avais tant redouté l'influence pour l'éducation que je voulais donner à mes fils, il avait adopté ces maximes qu'on lui répétait souvent : « Qu'il faut être homme avant d'ê-
» tre prince ; que l'élévation du rang n'est qu'une
» obligation de plus envers ses semblables, et que
» l'infortune noblement supportée rehausse toutes
» nos nobles qualités. » Les malheurs sans nombre de sa famille avaient encore été la meilleure des leçons. Aussi, sans préjugés, sans regrets des avantages qu'il devait à sa naissance, mettant seulement à honneur d'être utile à l'humanité, il était républicain par caractère, ne faisait aucun cas des prérogatives qu'il avait perdues, et croyait devoir son assistance à tout ce qui souffrait. Je n'avais pu le retenir lorsqu'il voulut aller en Grèce, qu'en lui tandis que son nom pouvait nuire à cette cause intéressante. « Il voulait s'y rendre seul, disait-il, y servir sans qu'on pût le reconnaître. » Mais enfin

il céda à l'idée d'abandonner son père malade, dont il était la plus douce consolation. Je cherchais à calmer par mes conseils cette exaltation, qui, quoique portée vers tout ce qui était noble et élevé, me faisait craindre pour des destinées que le sort semblait vouer au repos.

Mon fils Louis avait absolument les mêmes sentiments et le même caractère que son frère. La révolution de juillet les trouva, l'aîné au milieu de ses inventions pour l'industrie, qui, faute de mieux, l'occupaient depuis son mariage; et le plus jeune à l'école militaire de Thun[1], où il suivait des cours d'artillerie et du génie. Tous deux semblèrent renaître au bruit des événements de Paris. Quoique séparés, leurs impressions furent les mêmes; vifs regrets de n'avoir pas combattu avec les Parisiens, enthousiasme pour leur héroïque conduite, et légitime espoir de servir cette France qu'ils chérissaient tant. Il me disaient : « Elle est enfin libre; l'exil est fini, la patrie est

[1] École d'artillerie et du génie pour les officiers suisses, dans le canton de Berne.

» ouverte; n'importe comment, nous la servi-
» rons! » Voilà ce qui remplissait toutes leurs
lettres. J'étais loin de partager leurs espérances.

Depuis la chute de l'Empereur, la liberté d'écrire, si nécessaire alors pour défendre les droits du peuple, avait été aussi employée à dénaturer tous les actes de son règne. L'homme qui se croyait le plus impartial, pour faire passer un éloge avançait une injure ou une critique. La jeunesse élevée à cette école, et qui jouissait pourtant des institutions établies par l'Empereur, admirait à peine le génie supérieur qu'elle ne se donnait pas le loisir de juger. Elle ne comprenait pas que ce nom de Napoléon portait seul avec lui le principe d'égalité, d'ordre et d'indépendance nationale.

Il avait, disait-on, attenté à la liberté. Le parti des Bourbons pouvait, il est vrai, s'en plaindre, car le 13 vendémiaire et le 18 fructidor avaient donné le secret de sa force alors et de ses espérances; mais pour les patriotes ce reproche serait une injustice. La liberté pendant les guerres eût été toute en faveur des anciens privilégiés et des ennemis de la France. Le peuple, fatigué des discordes civiles, ne paraissait plus disposé à soutenir une émancipation dont il tardait tant à ressentir les bienfaits.

Un autre reproche adressé à l'Empereur était le rétablissement de la noblesse, et pourtant le coup le plus funeste qui lui fut porté vint de la création de la nouvelle noblesse, à laquelle tout le monde pouvait atteindre. L'ancienne n'avait pas le droit de reprendre ses titres, car ce fut Louis XVIII qui les lui rendit; mais les persécutions dont elle avait été l'objet pendant la révolution avaient fait succéder la bienveillance à la haine. L'antique habitude d'honorer ces noms historiques reparaissait et faisait reporter vers eux un intérêt dont ils eussent profité pour reprendre leurs avantages. Malgré l'estime due à nos nouvelles illustrations, les anciennes familles recevaient encore seules les hommages de la société française comme de l'étranger, et elles n'avaient qu'un pas à faire pour retrouver la puissance. L'Empereur, en donnant des titres, créait une aristocratie conservatrice des bienfaits de la révolution comme des droits nationaux, et par là il annula l'ancienne, dont tous les intérêts étaient, depuis longtemps, devenus oppressifs au peuple.

Un législateur peut conserver comme sujet d'émulation des distinctions encore respectées, ne les accorder qu'au mérite et aux services rendus : c'est un progrès. Anéantir les distinctions lorsque le besoin en existe encore et qu'il fait partie de nos mœurs, c'est renvoyer au camp ennemi ceux dont on pourrait tirer un utile parti en n'accordant plus qu'à leurs talents, comme à ceux de tous, les prérogatives qui furent si longtemps le droit de leur naissance.

Tel fut le système de l'Empereur ; et si la nouvelle noblesse a été assez inconséquente pour se réunir à l'ancienne contre le peuple dont elle faisait partie, qui pouvait le prévoir ? Par cette trahison, bien des hommes et tous les titres sont devenus de peu de valeur en France. Plus nationale en Angleterre, l'aristocratie y est encore puissante. Celle de l'empire, qui s'est neutralisée par sa propre faute, ne serait pas de si peu de poids, si les maréchaux, si les grands d'alors s'étaient retirés à l'écart au moment de nos humiliations, ou si leurs voix ne se fussent jamais élevées que pour défendre les intérêts populaires. L'amour et le respect les environneraient encore, et l'on n'eût osé ni méconnaître ni attaquer leurs temps glorieux.

Au lieu de cela, la calomnie avait prévalu; on s'était insensiblement détaché de tous les souvenirs du passé ; on n'en voulait plus; le peuple seul, qui en avait recueilli les bienfaits, ne l'oubliait pas. Mais confiant en ses nouveaux défenseurs, occupés avec courage depuis le retour des Bourbons à faire respecter par leur éloquence des intérêts que l'empire avait toujours ménagés, le peuple fit la révolution de juillet, et laissa à leurs talents et à leur patriotisme le soin d'en assurer le résultat.

Les libéraux, repoussés de la cour de Charles X, avaient été constamment reçus avec bonté, avec grâce, chez le duc d'Orléans. Ils avaient jugé cet intérieur de famille moral et intéressant. Ces vertus et cette simplicité bourgeoise les avaient séduits ; c'était une véritable affection ; et sans vouloir s'arrêter à la position du duc, ni au nom qu'il portait, son caractère avait suffi pour les rassurer tous, et ils le croyaient seul capable de porter à bien les destinées de la France.

J'avais vu souvent de ces citoyens distingués ; ils cachaient peu leurs sentiments. Ce parti, joint à celui qui, à l'instar de l'Angleterre, voulait depuis longtemps faire d'un d'Orléans un Guillaume, assurait la couronne au duc à la première occasion. Je n'en doutais pas, et mes prévisions ne furent pas trompées. En voyant le drapeau tricolore, des voix s'élevèrent, il est vrai, en faveur de Napoléon II, mais elles cédèrent bientôt à l'ascendant de ceux qui possédaient la confiance générale. Le duc d'Orléans fut reconnu roi ; mais le peuple, rarement ingrat aux bienfaits reçus, qu'il fut touchant pour le souvenir de l'Empereur ! Tout en reconnaissant le roi qu'on lui offrait, on ne put le satisfaire qu'en lui promettant le corps de Napoléon. Sa statue sur la colonne, le retour de sa famille, et les représentations de nos anciennes victoires, lui semblèrent la récompense de celle qu'il venait de remporter.

Je reçus beaucoup de lettres à cette époque. Les unes disaient : « Nous avons combattu en songeant à votre cause ; » les autres : « Arrivez, » nous sommes libres enfin, et nous allons vous » revoir !..... » Je compris que le nouveau roi allait avoir une position difficile, entre une affection populaire ancienne, légitime, pour le souvenir d'un grand homme, et une liberté sans limite qui lui imposait des conditions de fidélité d'autant plus impérieuses qu'il portait un nom sur lequel les derniers événements devaient naturellement appeler la méfiance. Que devait-il faire ? La réponse n'était pas facile. Quant aux principes qui devaient diriger ses actions, il me semblaient indiqués d'avance.

Toute jeune, j'avais pris l'habitude de chercher à m'expliquer quelle raison faisait faire telle ou telle chose à l'Empereur. J'approuvais presque toujours ; mais j'avoue à ma honte que souvent ce que j'avais découvert ne me satisfaisait pas. J'osais quelquefois le blâmer à part moi. Depuis que j'ai acquis de l'expérience, que de fois me suis-je écriée : « Ah ! que l'Empereur avait raison et qu'il connaissait bien les hommes ! »

Cette habitude de réflexion contractée fort jeune, et ce plaisir qu'on trouve à prévoir la conduite des hommes publics par l'examen de leur situation, me firent alors penser que, né d'une révolution populaire, le roi devait en embrasser franchement tous les intérêts, sans quoi, la liberté qu'il était appelé à soutenir se tournerait contre lui. Deux noms seuls en France inspirent au peuple une entière confiance, celui de Napoléon et celui de Lafayette : le premier, parce que, leurs intérêts sont confondus ensemble : même gloire, même grandeur, mêmes ennemis ; le second, parce qu'il s'est montré toute sa vie l'ami désintéressé des peuples, et le noble et constant défenseur de leurs libertés. Il me semblait de l'essence de cette nouvelle cause de s'identifier complétement avec les idées de liberté de l'un, et les idées de gloire de l'autre. Il fallait donc que le nouveau roi fît chanter cette gloire passée pour qu'on ne la lui chantât pas en signe de malveillance. Et la conséquence naturelle de tels principes était l'abrogation de la loi de proscription qui frappait les Bonapartes, loi imposée avec éclat par l'étranger à la France au moment de nos humiliations communes, et que la France enfin affranchie ne pouvait manquer d'abolir avec le même éclat, ne fût-ce que pour constater son indépendance. Je n'en doutais pas, du moins; aussi quel fut mon étonnement lorsque je lus dans une gazette la proscription nouvelle dont on frappait la famille de l'Empereur! J'en fus affligée et étonnée au dernier point. Comment! la France libre, au lieu de réparer les coups portés par l'étranger en 1815, consent à reconnaître de tels actes? Le souverain qui se met à la tête d'une nation généreuse doit-il en repousser les souvenirs et les affections ? C'est une triste condescendance envers les ennemis de son pays.

Cependant, si je me plaignis à quelques amis de cette injustice, je me résignai à la supporter, et j'exigeai même des personnes qui voulaient en occuper le public, de renoncer à troubler la joie de la France par des plaintes en notre faveur que je ne voulais pas encourager. Il est singulier que je n'aie jamais cherché que l'ombre et le repos, et que la destinée me place sans cesse en évidence. Aussi la calomnie me suppose-t-elle toujours créatrice des agitations qui ont tant troublé ma vie. Les deux lettres qui suivent feront connaître mes idées à cet égard.

«Arenenberg, 2 septembre 1830.

» A M. ***,

» Vous désirez de mes nouvelles ; je me réjouis, comme vous, du bonheur de la France. Vous avez dû voir que l'enthousiasme de mes enfants n'a pu être contenu, malgré mon désir qu'ils ne paraissent en rien. Mais ils sont élevés à apprécier ce qui est noble et grand : ils sont fiers de leur patrie qu'ils auraient été heureux de servir, et ils ont de vingt à vingt-cinq ans !... Vous savez aussi combien de fois ils ont entendu répéter que les places les plus élevées ne faisaient pas le bonheur ; mais que l'air de la patrie, des amis et une distinction toute personnelle devaient être le but de leur ambition. Je pense donc comme vous qu'ils pouvaient la servir cette France devenue libre, sans offenser aucun de leurs souvenirs. Ce n'était pas à nous à ne pas reconnaître les droits d'un peuple à se choisir un souverain. Mais je viens de lire une loi qui m'étonne autant qu'elle m'afflige. Comment? dans ce moment d'enthousiasme et de liberté, la France ne devait-elle pas ouvrir les bras à tous ses enfants? à ceux qui, depuis quinze ans, partageaient avec elle tant d'abaissement et de souffrance ? Au lieu de cela, on renouvelle pour une seule famille un acte de proscription. Quels sont ses crimes? N'est-ce pas l'étranger qui l'avait chassée ? n'est-ce pas la France qu'elle avait servie ? Craindre cette famille, c'est lui faire un honneur qu'elle repousse... Son chef n'existe plus ! S'il a donné une grandeur et une gloire qu'on accepte enfin, faut-il repousser tout ce qui lui a appartenu, au lieu d'acquitter une dette sacrée, en exécutant le traité fait avec lui pour sa famille. Aucun des membres de cette famille ne pensait encore à revenir en France. Il y a des convenances que les positions forcent à garder, et sans une invitation du pays ils ne pouvaient s'y présenter. — Mais les voilà encore, avec leurs malheurs, sans protection, et en butte à toutes les vexations dont les gouvernements se plaisaient à les accabler ! Que puis-je dire à mes enfants, moi qui ne cherche qu'à modérer leur jeunesse et à entretenir en eux l'amour de la patrie et de la justice ? Je ne puis plus que leur apprendre que les hommes sont ingrats et égoïstes ; mais qu'il faut encore les aimer, et qu'il est toujours plus doux d'avoir à leur pardonner qu'à les faire souffrir. — Adieu, vous avez désiré de mes nouvelles, vous voyez que l'impression du moment est pénible. Je ne comptais pas aller à Paris; loin de là, je m'arrangeais pour mon voyage d'Italie. Mais la vue de cette loi qui nous expulse à jamais de cette France qu'on aime tant, où l'on espérait encore aller mourir, est venue renouveler toutes mes douleurs. Cette proscription prononcée dans des temps malheureux était triste sans doute ; mais c'était par des ennemis. Renouvelée par ceux qu'on croyait des amis, cela frappe droit au cœur.

» HORTENSE.

» *P. S.* Mon fils est encore avec les élèves de Thun, occupé à faire des reconnaissances militaires dans les montagnes. Ils font dix à douze lieues par jour, à pied, le sac sur le dos. Ils ont couché sous la tente au pied d'un glacier. — Je l'attends dans dix jours. »

« Arenenberg, 2 octobre 1830.

» Je reçois votre lettre, monsieur ; je suis on ne peut plus touchée du sentiment qui vous inspire un ouvrage en faveur de la famille Bonaparte encore exilée de la France. Plus que personne j'ai été vivement affligée de cette loi sévère ; mais j'ai dû me résigner, parce que, Française avant tout, et ne pouvant supposer à mes chers compatriotes, libres enfin, une ingratitude qui est loin de leur caractère, j'ai appris qu'il avait fallu de fortes raisons pour nous éloigner encore. Notre exil, dit-on, paraît nécessaire au bonheur de la patrie, à sa tranquillité présente ; il ne doit être que momentané : comment ne pas y souscrire, quand sa gloire et sa prospérité furent toujours notre premier intérêt ? Je vous conseille donc, monsieur, de la peindre dans vos chants heureuse et libre, cette France régénérée ; mais de ne pas y ajouter une plainte sur ce qui nous regarde. Vous l'attristeriez, et vos vers, à en juger par ceux que je reçois, sont trop bien pour ne pas faire un effet qui ne serait pas en harmonie avec notre résignation. Je recevrai pourtant avec reconnaissance l'ouvrage que vous m'annoncez ; mais je serais fâchée, je l'avoue, qu'il fût imprimé. Croyez, monsieur, que je saurai toujours apprécier vos nobles sentiments et trouver du plaisir à vous assurer de ma haute considération.

» Hortense. »

Cependant un traité fait en 1815 excluait la famille Bonaparte de la France. Le premier soin de la diplomatie fut, dit-on, de le faire valoir. La loi d'exil fut donc renouvelée, quoique dès 1829 le roi eût plusieurs fois répété que s'il régnait jamais, son premier soin serait de faire rentrer la famille de l'Empereur. Tel était peut-être encore son désir, mais déjà engagé envers la diplomatie, il dut suivre ses conseils.

Cela explique toute sa conduite, et comment dans des occasions plus graves il crut devoir sacrifier les intérêts de la révolution à la crainte d'une guerre étrangère.

Il était évident que les traités de 1815 devenaient désormais la base de la politique du gouvernement; mais ceux que ces traités avaient alors le plus irrités, se résignaient de bonne grâce à les subir. Le roi attirait à lui, il est vrai, tous ceux qu'ils avaient le plus frappés, et ils furent heureux de retrouver près d'un roi qui leur tendait la main, une réparation à leurs longues infortunes. Aussi les anciens amis de l'Empereur oublièrent-ils complétement qu'il existât un fils de leur protecteur, et qu'ils avaient juré de le soutenir.

Pour excuser cet abandon, l'on semblait regarder comme prince étranger cet illustre prisonnier; au moment où c'était l'étranger qui reprenait des droits conquis par la force des armes en 1815, et concédés par la faiblesse en 1830. Mais ces considérations se perdaient dans des vues d'un intérêt journalier. Les ennemis de la France seuls voyaient juste, et préféraient tout au rétablissement du trône impérial. Rendre l'enfant de la victoire, qui, quoique élevé parmi eux, portait avec lui le principe populaire, c'était à leurs yeux donner le signal de l'émancipation des peuples. Aussi, j'ai appris depuis, que toutes les réponses faites à quelques amis fidèles furent qu'on ne le rendrait pas.

Le croirait-on? je reçus des lettres de ceux que j'aurais dû supposer mes meilleurs amis, et qui me disaient tout simplement que je pourrais peut-être à présent revenir à Paris, mais sans mes enfants; qu'avec eux cela n'était plus possible, et que l'élection d'un roi brave homme et digne de toute confiance était le coup le plus funeste porté à la famille impériale. Je n'ai jamais envié ni regretté une couronne : aussi ce n'était pas la perte des grandeurs qui m'affligeait; j'en ai eu plus que je ne pouvais en porter, et je regarde ma vie comme finie. Mais ce qui me blessait, c'était l'indifférence avec laquelle on m'apprenait que tous les liens étaient rompus entre la France, les anciens amis et la famille du grand homme.

Un regret m'eût satisfaite; mais la politique étouffe tous les sentiments du cœur.

On pense bien qu'il ne me vint pas à l'idée un instant de me séparer de mes enfants, quoique le roi m'eût fait dire des paroles gracieuses par la grande duchesse de Bade. Je n'eus qu'un désir, celui de me rapprocher de mon fils aîné, et je partis comme à l'ordinaire au mois d'octobre pour Rome.

J'étais inquiète de ce qui allait se passer en Italie. Je ne pouvais croire que la révolution ne retentît pas dans tous les pays opprimés, et ma seule pensée était de garantir mes enfants d'entraînements dangereux pour leur tranquillité, et qu'il était naturel de prévoir et de redouter.

Dans ce but, j'évitai de passer par Milan; je pris la route du Tyrol et de Venise. A Bologne, où je m'arrêtai un jour, je vis chez mon beau-frère le prince Bacchiochi, un ancien officier attaché autrefois à mon frère. « Quelle belle révolution,
» madame, que celle de Paris! Vous ne repasserez
» pas par ici, je l'espère, que vous n'ayez entendu

» parler de la nôtre. » Ce propos m'en disait assez pour réaliser toutes mes craintes. « Qui serait
» assez fou, m'écriai-je vivement, pour essayer de
» soulever l'Italie, quand on voit la marche que
» suit le gouvernement français? S'il remplit sa
» mission, il peut, sans rompre avec l'Autriche,
» exiger d'elle qu'elle vous accorde des institu-
» tions ou votre indépendance : si ces deux puis-
» sances se brouillent ensemble, vous pouvez
» encore espérer l'appui de la France ; mais si vous
» vous remuez avant qu'une guerre soit déclarée,
» vous vous perdez indubitablement. » J'ajoutai encore beaucoup d'autres raisons dans ce sens, mais sans produire le moindre effet : je m'en apercevais bien, l'illusion était complète ; partout la révolution et Louis-Philippe étaient portés aux nues. On ne les séparait pas, et j'avais l'air de Cassandre, lorsque je prédisais que la France ne soutiendrait pas l'Italie si elle se soulevait.

J'avoue que je ne croyais pas dire aussi juste, car je pensais bien qu'elle y serait forcée dans un cas extrême : mon effroi était de voir chacun se précipiter dans le chaos des révolutions, sans réflexion, sans plan arrêté et sans avoir mûrement calculé ses moyens. Mais la victoire de Paris avait révélé une arme inconnue jusqu'alors, *le pavé*. Avec le peuple pour soi, chacun croyait être sûr d'anéantir la plus belle armée. L'erreur était complète.

J'arrivai à Florence agitée de mille craintes. J'avais besoin de garantir mes deux enfants de l'illusion commune dont je les voyais environnés. Que leur jeunesse, leur ardeur me causaient d'inquiétudes ! Je voulais attirer leur confiance, et mes raisonnements, contraires à ceux de tant d'autres, les désespéraient.

Mon mari était allé à Rome pour voir sa mère. Je passai quinze jours heureux au milieu des deux seuls intérêts de ma vie.

Mon fils Napoléon m'apprit qu'on lui avait écrit de Paris pour l'engager à venir aider à reconquérir les droits de son cousin. On fixait le procès des ministres comme un moment décisif contre un gouvernement qu'on disait imposé. Mon fils m'avoua qu'il avait d'abord balancé, mais il me montra sa réponse. « Le peuple est seul maître, » disait-il; il a reconnu un nouveau souverain. » Irais-je porter la guerre civile dans ma patrie, » lorsque je voudrais la servir au prix de tout » mon sang? »

De la Corse on lui avait fait des propositions auxquelles il avait répondu de la même manière. J'approuvai sa conduite. D'ailleurs qu'eût-il pu faire alors en France? Si le peuple était resté attaché à son nom, j'avais trop de preuves que tous les meneurs, que tous les anciens amis avaient pris avec amour d'autres engagements, et les auraient sans doute défendus.

Mais l'Italie qu'il habitait comptait peut-être sur son assistance : voilà où se portaient toutes mes craintes.

La Toscane était le pays le plus heureux de l'Italie : le souverain y était aimé ; on n'ambitionnait de lui qu'une constitution que les ministres tenaient déjà toute prête, disait-on. On assurait même que M. de Metternich, en appre-

nant les événements de juillet, avait dit : « Croit-
» on que nous redoutions de donner des consti-
» tutions ? » Depuis, il n'en avait plus parlé, les
cabinets alliés étant parvenus à reprendre de
l'influence en France.

Mais comme en Toscane tout se montrait sous
un aspect pacifique et de bon accord, c'était
donc des pays environnants que des émissaires
pouvaient être envoyés à mon fils, et je le priai
en grâce de se prémunir contre de telles avances.
Je lui représentai les malheurs privés et publics
qu'amènent les révolutions, et je lui conseillai
d'user de son influence pour calmer l'effervescence que je voyais partout. Il m'approuvait, convenait que le moment n'était pas encore venu ;
mais qu'il ne pouvait l'empêcher de venir bientôt, et qu'il ne suivrait jamais que la route de
l'honneur et du désintéressement.

Tout ce que je découvrais en lui d'élévation,
de moyens, de distinction, me charmait, mais je
vivais d'anxiétés. Comme un avare, j'aurais voulu
enfouir les deux trésors qui me restaient, et je

croyais voir chacun acharné à me les enlever.

Je partis pour Rome le 15 novembre, jour de ma fête, triste anniversaire depuis que mon frère dont la fête tombait le même jour n'existait plus, et encore plus triste depuis que ce jour-là j'embrassai mon cher enfant pour la dernière fois.

Il vint me conduire à cheval jusqu'à la seconde poste. Il était rayonnant de joie et de santé ; et à propos de son cheval qu'il avait dressé à bien sauter les fossés, il me conta qu'il était venu de la même manière conduire son père lorsqu'il était parti pour Rome, et que retournant à la nuit, seul, comme un chevalier qui cherche les aventures, il avait aperçu assez loin dans la montagne une clarté considérable ; qu'alors sautant haies et fossés avec son cheval, il était arrivé à travers champs près d'une maison isolée qui était en feu. Les pauvres gens à qui elle appartenait avaient perdu la tête, et sans eau, sans secours, ne faisaient que se lamenter. Mon fils ajoutait avec une simplicité charmante : « Quel pouvoir a un ha-
» bit ! J'arrive et je prends le commandement

» sans contestation ; chacun s'empresse de m'o-
» béir ; on accourait des cabanes voisines : je
» fais former la chaîne, et n'ayant pas d'eau,
» c'est avec de la terre que je suis parvenu à
» sauver la moitié de la maison. Je m'éloignai,
» conservant mon incognito, au milieu des plus
» tendres bénédictions. Le plus curieux de l'af-
» faire, ajoutait-il en riant, c'est qu'ils sont par-
» venus à découvrir qui j'étais. Je les ai vus arriver
» jusqu'à Florence pour me demander des se-
» cours, et il a fallu encore aider à rebâtir la
» maison que j'avais sauvée. »

Ce cœur si simple, si noble, si tendre, ne devait-il donc battre que si peu de temps pour le bonheur de l'humanité ! Je l'embrassai à plusieurs reprises ; j'avais de la peine à le quitter, j'avais peur de tous les événements, mais que j'étais loin d'imaginer le plus funeste de tous !

Arrivée à Bolséna, j'appris par un courrier que mon mari avait dû coucher à Viterbe. Mon fils Louis voulut partir sur un cheval de poste pour aller au-devant de son père et passer quelques heures avec lui. Nos voitures se rencontrèrent vers le milieu du jour. Il me rendit mon fils et me témoigna ses craintes sur les idées politiques que ses enfants manifestaient, et son désir qu'ils restassent étrangers à tout événement. Dans sa tendresse inquiète il aurait voulu, comme moi, les garder aussi pour lui seul; il ne consentit à me rendre son fils Louis qu'à condition que je le lui renverrais un mois ou deux avant mon passage à Florence.

Arrivée à Rome, j'y repris ma vie habituelle. Tous les jours j'allais passer deux heures chez ma belle-mère, et souvent, le soir, j'allais lui lire de petites pièces nouvelles que je recevais de Paris. J'en avais cette fois un grand nombre faites sur l'Empereur. Tout pénible qu'était ce souvenir, elle ne voulait pas y demeurer étrangère. Condamnée à passer le reste de ses jours couchée, sans pouvoir marcher, puisqu'elle s'était cassé la cuisse et qu'on avait craint de la lui remettre, elle supporte son mal avec un courage admirable. Sa tête est saine et forte; elle n'est indifférente à rien de ce qui se passe dans le monde politique [1]. Elle reportait sur le fils de l'Empereur toutes ses espérances, et ne pouvait croire, disait-elle, à l'ingratitude du peuple français. Ces pièces, toutes médiocres qu'elles étaient, lui faisaient plaisir : au moins on y voyait un souvenir, et elle jouissait d'apprendre qu'il n'était pas encore anéanti en France.

J'aimais à lui entendre parler de l'enfance de l'Empereur; elle s'animait alors, et retrouvait, avec sa mémoire, toute la vivacité de la jeunesse. Avec les vieillards, c'est du passé qu'il faut s'en-

[1] La mère de l'Empereur est remarquable surtout par la dignité et la fermeté de son caractère, et par son orgueil maternel, qu'ont encore augmenté les malheurs de son fils. Aussi est-elle environnée du respect et de la considération de tous. Dans les premiers temps de sa retraite à Rome, après les réactions qui suivirent les Cent jours, le cardinal Consalvi lui fit dire que la cour de France, toujours inquiète, l'accusait de faire répandre des millions en Corse pour soulever le pays. « Dites au cardinal, » répondit la mère de l'Empereur, qu'il peut assurer les Bour- » bons que, si j'avais les millions qu'on me suppose, ce n'est » pas à soulever la Corse que je les aurais consacrés, mais » qu'ils auraient déjà servi aux frais d'une expédition pour voler » à la délivrance de mon fils. »

tretenir; l'avenir est si peu de chose pour eux!
Mes soins semblaient tant la distraire et la consoler, que je m'étais fait un bonheur de les lui prodiguer. Pour être plus libre, j'avais fixé un seul jour où je recevais toutes les personnes qui désiraient me voir; le reste du temps j'étais toute à ma belle-mère.

Il y avait à Rome alors beaucoup de mes anciennes connaissances, qui de la cour de l'Empereur avaient passé à celle de Charles X, et dont plusieurs quittaient la France, exaspérées contre les événements de juillet. L'une de ces personnes me dit un jour assez sérieusement : « C'est l'impératrice Joséphine qui est la cause innocente de tous nos maux. N'a-t-elle pas obtenu la vie de M. de Polignac? S'il était mort du temps de l'Empire, nous n'aurions pas eu ses ordonnances. »

Je souriais à ces lamentations : certainement je pouvais me tromper; mais je ne partageais aucune des idées que je voyais exprimées par chaque parti. Je pensais que l'humiliation d'avoir vu les Bourbons ramenés par l'étranger après nos calamités, était un tel grief aux yeux de la nation, que l'établissement de la charte pouvait à peine l'effacer. Au contraire, cette liberté bien nécessaire au moment où l'ancienne noblesse reparaissait, et qui rassurait d'un côté les hommes qui avaient été acteurs dans nos révolutions, éclairait sur ses pertes la jeunesse instruite et plébéienne. Elle apprenait en grandissant tout ce qu'elle allait avoir d'espérances déçues par la domination d'une aristocratie devenue puissante et qui voudrait tout envahir. Ainsi, défendre la liberté, c'était aussi défendre son avenir : la jeunesse s'y livra tout entière.

La princesse de Poix avait dit à Mme Campan en 1814 : « Qu'on ne croie pas que ce soit seule- » ment le triomphe d'une dynastie sur une autre ; » c'est le triomphe de l'aristocratie : nous ferons » tout pour reconquérir nos droits et ne plus les » perdre [1]. »

[1] Depuis la Révolution française, deux partis en Europe, aspirent au pouvoir et semblent irréconciliables. L'empereur Na-

C'était là le fond de la pensée de l'ancienne noblesse. Les Bourbons, identifiés avec les mêmes intérêts, pouvaient-ils maîtriser les excès de leurs amis ? Aussi M. de Chateaubriand, qui réunit à tant de distinction et de dévouement à sa cause, un véritable patriotisme, s'est-il trouvé presque seul de son bord en voulant la liberté.

Peut-être était-il difficile qu'elle s'unît alors aux Bourbons : il existait entre eux et la nation trop de causes d'irritation et de méfiance, et sans la confiance il n'y a pas de gouvernement libre possible [1].

---

poléon seul était parvenu à les mettre d'accord, en exigeant de chacun des concessions. Ces deux partis sont l'aristocratie qui veut conserver ses priviléges, et le peuple qui veut être libre et n'en reconnaître aucun. L'aristocratie anglaise, encore trop puissante pour céder, obtint à Waterloo une victoire dont les événements de juillet viennent de remettre le résultat en question. Qui l'emportera de ces deux autorités de nouveau en présence ? Quelle lutte à craindre ! quels malheurs à redouter ? Et un grand homme n'existe plus !

[1] La branche aînée des Bourbons sentit un instant le besoin de s'appuyer sur un nom qui pouvait donner au peuple la confiance dont il manquait. Quand le grand-duc Constantin fit un

— 38 —

Aussi un nouveau roi devait-il à tout prix attirer à lui cette confiance et ne se montrer souverain que pour défendre l'honneur et la liberté de la France déposés avec tant d'abandon entre ses mains.

Il est si facile d'ailleurs de gagner l'affection du peuple. Il a la simplicité de l'enfance ! S'il voit qu'on s'occupe de lui, il laisse faire : ce n'est que quand il croit à l'injustice ou à la tra-

voyage à Paris, pendant une chasse, le duc de Berry lui parla de leur position, des embarras sans fin qu'on leur suscitait, et du petit nombre d'hommes auxquels ils pouvaient se fier. Il lui dit que Louis XVIII avait l'idée de proposer à mon frère le titre de connétable de France, et de le mettre à la tête du gouvernement. Il questionna beaucoup le grand-duc sur l'opinion que l'empereur Alexandre pourrait avoir à cet égard, et sur la confiance que devait inspirer le caractère du prince Eugène. En revenant d'un congrès, je crois celui de Vérone ou d'Aix-la-Chapelle, l'empereur Alexandre rendit à mon frère cette conversation : « Que ferez-vous, Eugène, lui dit-il, s'ils mettent à exécution » leur intention ? — Sire, ma première démarche sera de vous » demander votre opinion. — Ma foi, lui répondit l'empereur, je » serais bien embarrassé de vous donner un conseil là dessus. » Cette réponse explique, ce qui était vrai, qu'un des souverains qui avaient replacé les Bourbons sur le trône de France, ne croyait pas possible alors qu'ils pussent s'y maintenir.

hison qu'il se révolte, et il est toujours généreux quand il est vainqueur. Il y a tout à attendre d'une population qui a été aussi admirable que celle de Paris dans les trois journées ; et c'est avec orgueil que je me disais : « C'est là mon pays, » ce sont là mes compatriotes. »

Du reste, spectatrice presque désintéressée dans tout ce qui se passait, j'aimais à juger les événements avec impartialité, et je jouissais de ne plus être actrice dans le grand drame qui se déroulait devant moi. Pourquoi le sort me réservait-il d'y jouer un si funeste rôle.

Le pape[1] tomba malade et mourut. Il était aimé et respecté : s'il eût vécu on serait sans doute resté tranquille ; cet interrègne parut un moment favorable à cette jeunesse pleine d'ardeur, pour secouer le joug d'un gouvernement qui n'offrait aucun but à son activité, puisque toute carrière à Rome, hors celle de l'Église, lui est interdite.

[1] Pie VIII.

On parlait assez hautement d'agitations prochaines pour donner des craintes ; mais je ne voyais rien là qui pût m'inquiéter sérieusement pour mon fils; j'étais donc au moins rassurée de ce côté, lorsque j'appris que le gouverneur de Rome était allé trouver le cardinal Fesch, trop malade pour s'enfermer encore au conclave, et lui avait parlé du désir que le gouvernement avait de voir mon fils s'éloigner pour quelque temps de Rome. Le cardinal crut à une petite vexation particulière pour sa famille. Il s'emporta et demanda des raisons ; on ne put lui en donner, sinon qu'un jeune homme du nom de Bonaparte, portant sur son cheval une chabraque tricolore, fixait trop l'attention et deviendrait dangereux au gouvernement dans un moment de désordre. Ce conseil, puisque c'en était un seulement, déplut au cardinal; il déclara que son neveu n'ayant rien fait qu'on pût lui reprocher, ne quitterait pas Rome.

Instruite le lendemain par le roi Jerôme de cette visite, je me rendis chez le cardinal. Il était encore tout indigné de la conduite du gouverneur ; et sur le désir que je lui exprimai de voir mon fils s'éloigner, puisqu'il causait de l'ombrage, et que d'ailleurs son père désirait l'avoir près de lui, il me pria de n'en rien faire, en ajoutant « que c'était donner raison à la malveillance » et que cela ne me regardait pas, puisqu'on » n'était pas venu me trouver. »

Je le quittai, agitée de mille inquiétudes. Il se tramait quelque complot à Rome, c'était évident : comment en garantir mon fils? Ce jeune homme repoussé comme un paria de la société européenne, à cause de la trop grande puissance de ce nom toujours redouté, que fera-t-il au milieu des avances et des dangers qui vont l'environner? Si le gouvernement le craint, d'autres pensent donc à lui.

J'étais absorbée dans ces réflexions, lorsque je passai devant le Panthéon. Je fis arrêter ma voiture ; mademoiselle Masuyer, jeune dame nouvellement près de moi, ne connaissait pas ce temple, je voulus le lui montrer ; d'ailleurs j'aimais à voir ce beau monument, toujours le même depuis tant de siècles quoiqu'on en ait fait une église. Après l'avoir examiné en silence, je m'arrêtai devant une statue de la Vierge. Tous ces ex-voto qui l'entourent sont toujours à mes yeux un signe attendrissant. C'est la douleur, la crainte ou la reconnaissance qui ont imaginé ce faible hommage. Ils rappellent et nos misères et nos consolations. Je me mis à genoux devant cette statue et tous ces emblèmes d'espérance et de gratitude. Je n'ai jamais qu'une prière, j'ai tant besoin d'être exaucée! je craindrais de désirer davantage : « Que mes enfants se portent bien, « ô mon Dieu! et que je meure avant eux. » Je finissais d'exprimer ce vœu maternel, lorsqu'une femme qui priait près de moi s'approcha et me dit avec un accent douloureux : « Ah! madame, » sauvez mon pauvre fils!... » Je me relevai avec une émotion indéfinissable. Comment! elle demandait la même chose que moi, et je pouvais lui être utile! Je la questionnai: son fils, âgé de dix-huit ans, se mourait de la fièvre. « Je n'ai

» aucun moyen de le soigner, me disait-elle : ah!
» sauvez mon pauvre enfant. » Ces mots si souvent répétés me rendaient sa providence; ce n'était pas à mes yeux une aumône ordinaire, et je tenais à sauver ce fils qu'elle me redemandait comme si j'avais en effet le pouvoir de le lui rendre. Je lui donnai les secours qui paraissaient urgents, et je fis prendre son adresse.

II

De retour chez moi, je fis appeler mon fils. Nous étions à causer de mes inquiétudes, lorsqu'on lui annonça un colonel du pape. Cinquante hommes entouraient le palais; ils avaient l'ordre de conduire à l'instant mon fils aux frontières. Rien n'était moins civil, mais rien n'était plus rassurant pour moi. Le voir loin des dangers me convenait; le peu de forme qu'on y mettait ne pouvait m'abaisser; je me sentais au-dessus de tous les manques de procédés possibles. J'excusai plutôt des vieillards que la terreur avait frappés, d'oublier ce que l'on doit à une illustre infortune comme la nôtre. Je ne m'opposai nullement au départ de mon fils, il me tardait seulement de le savoir arrivé près de son père.

Au moment où je l'embrassais, il demanda à me dire un mot en particulier, et m'avoua qu'un homme avec lequel il avait quelquefois fait des armes, poursuivi par la police, était venu le matin même se confier à sa bonté. Il l'avait enfermé dans un salon près de son appartement. Je promis de m'en charger, et il partit.

Le roi Jérôme arriva chez moi dans une irritation facile à concevoir. Le même ordre avait été donné pour son fils, jeune homme de quatorze ans, mineur, toujours avec son gouverneur : et si son père ne s'était pas trouvé chez lui, on le lui eût enlevé pour l'envoyer je ne sais où !...

L'ambassadeur de Russie intervint [1]. Le

---

[1] De tous les souverains de l'Europe, l'empereur de Russie seul s'est senti assez fort pour n'avoir pas besoin de nous manquer d'égard. Il nous a toujours obligés quand il l'a pu, et a constamment protégé sa cousine, femme du roi Jérôme.

cardinal Albani, avec la légèreté d'un jeune homme, soutint que c'était un petit voyage de huit jours qui ne pouvait qu'amuser la jeunesse. Il fut forcé pourtant de rétracter l'ordre qui concernait le fils du prince de Montfort. Le mien était parti. Toute ma famille me blâma beaucoup de n'avoir pas résisté à l'ordre injuste qui pouvait nuire à mon fils. Je demeurai convaincue qu'il pouvait y avoir de plus grands dangers pour lui en restant à Rome ; l'en éloigner était donc l'essentiel, et quant à l'opinion des gouvernants, je m'en inquiétais peu; j'étais habituée à leurs injustices. Par leur haine, ils avaient augmenté la popularité de ce nom que, à tort ou à raison, ils redoutaient toujours et qu'ils cherchaient à abaisser de tout leur pouvoir. Qu'importe donc de paraître innocent ou coupable à leurs yeux ?

Aussitôt que j'eus un moment de libre, je courus rassurer le fugitif que j'avais promis de protéger.

Il m'avoua qu'il avait été compromis autrefois, emprisonné longtemps, et si malheureux, que, bien qu'innocent, s'il devait retomber dans les mains du gouvernement, il se tirerait un coup de pistolet à l'instant. C'était un ancien officier de l'armée d'Italie. Rentrant chez lui un soir, il y avait vu les gendarmes, s'était enfui et était venu demander asile à mon fils.

Je lui promis de le garder jusqu'à ce que je puisse lui procurer les moyens de sortir sûrement des États pontificaux. Le point difficile était de le soustraire à tous les yeux, Heureusement mes domestiques étaient tous dévoués et sûrs : ils le soignèrent. On lui portait à dîner de ma table, et personne ne s'en aperçut.

L'occupation que me donnèrent ces événements ne me fit pas oublier ce jeune homme malade qu'une mère me redemandait, et qu'une conformité de prières et de vœux me rendait si intéressant. J'y envoyai mon médecin; il vint me dire qu'il était bien mal, que sa misère était au comble. Il fut convenu qu'on prendrait chez moi tout ce qui serait nécessaire, que plus tard on penserait à lui donner d'autres secours. Cette vie m'importait... A part l'intérêt naturel qu'inspire l'infortune, j'y attachais une idée superstitieuse si l'on veut, mais si naturelle dans le malheur ! « Cette pauvre mère, me disais-je, priait en même temps que moi ; nous demandions la même chose. Elle sera exaucée, je l'espère. Je suis heureuse d'y contribuer ; pourquoi ma prière ne serait-elle pas exaucée aussi ? »

Qu'on juge de ma surprise ! par un singulier hasard, ce jeune homme portait les mêmes noms que mes deux fils, *Louis-Napoléon*. Son père, ancien militaire, l'avait nommé ainsi, sans doute par souvenir. Il était mort et avait laissé sa veuve dans la misère.

Il fut sauvé enfin, ce fils, à ma grande satisfaction. Je voulais m'en charger ; il me semblait qu'il m'appartenait. Sa mère m'apprit qu'elle avait à Naples un frère riche qui n'avait pas d'enfants, et qu'en voyant son neveu elle était sûre qu'il l'accueillerait. Je n'eus donc qu'à m'occuper de son voyage. Elle partit heureuse, et moi j'avais à trembler encore !

Cependant, malgré la route que suivait le gouvernement français, les Italiens s'apprêtaient à se soulever, et criaient : Vive Louis-Philippe, représentant de l'indépendance des nations! Les proscrits espagnols n'étaient-ils pas une preuve frappante que le nouveau roi ne voulait pas encourager des tentatives qui eussent atteint sa propre famille? Mais qui espère beaucoup, voit peu juste. La Pologne donnait un trop éclatant exemple aux yeux de cette jeunesse, pour qu'il ne fût pas suivi ailleurs, et tout le monde semblait croire que la France serait forcée tôt ou tard de soutenir les élans d'héroïsme que sa révolution avait inspirés.

Un matin, la comtesse*** vint me montrer une lettre qu'elle recevait de son frère. Il était à Bologne, et lui disait qu'ils étaient tous prêts à lever l'étendard de l'indépendance.

Saisie à cette nouvelle, éloignée de mes enfants, quelles craintes ne devais-je pas éprouver pour eux! Seront-ils assez sages, assez modérés pour résister à tant d'entraînements? Dans cette appréhension, je leur écrivis une lettre en forme de note sur la situation de l'Italie. J'en fis faire une copie que j'envoyai, et je gardai la mienne que je joins ici.

« Rome, 8 janvier 1831.

» . . . .

. . . . . Les Italiens peuvent sans doute, dans un moment d'élan, secouer un joug qui leur pèse; mais je ne leur crois pas les moyens de lutter seuls et longtemps contre les efforts dirigés contre eux. . . . Ils n'ont pas compris le bien qu'on leur a fait en les régénérant sous l'Empereur. La classe éclairée le comprend à présent et le regrette; mais si la classe éclairée dirige un mouvement, le peuple seul le soutient. En Lombardie, le peuple se sent peut-être humilié, mais il n'est pas malheureux; à Rome, il est fier et emporté; mais après un mouvement qui amènerait l'étranger, peut-être livrerait-il ses chefs pour retomber sous l'influence de ses prêtres. Les Autrichiens sont tout prêts à réprimer un mouvement en Italie ; ils ont déjà des forces considérables des deux côtés du Pô. Ferrare a dans ses murs une forte garnison. Le Piémont, qui tient à la France et qui pourrait le premier se soulever, puisqu'il pourrait espérer un appui immédiat et un refuge, le Piémont est divisé : l'armée, conduite par de jeunes nobles, veut la royauté légitime ou le prince de Carignan. Naples attend quelque chose de son nouveau souverain, et l'attente la rendra inhabile à rien entreprendre dans ce moment. Dans l'espoir de la non-intervention, la Romagne seule se dispose à lever l'étendard de la révolte ; et peut-il entrer dans le bon sens qu'une si petite partie d'un empire puisse combattre des forces supérieures et leur résister ! Ce serait une chimère.

» Les jeunes gens qu'on voudrait mettre à la tête d'une telle entreprise n'ont qu'une chose à faire, c'est de calmer l'effervescence par tous les moyens possibles. . . . .

. . . .

. . . . . Les gens à courtes vues ne savent ni juger ni prévoir; il faut se garder de leurs propos entraînants : ils n'ont rien à perdre, ils n'ont rien à ménager, et voient avec leur imagination. L'homme qui se laisse influencer par le langage du premier venu, qui ne fait pas usage de son jugement, sera toute sa vie médiocre. Il est des noms magiques qui peuvent avoir une grande influence sur tous les événements qui se préparent : ils ne doivent paraître dans les révolutions que pour rétablir l'ordre, en donnant de la sécurité aux peuples et en balançant le pouvoir exclusif des rois. Leur rôle est donc d'attendre avec patience. S'ils fomentent des troubles, ils auront le sort des aventuriers dont on se sert, mais qu'on abandonne ou qu'on livre au premier accident.

. . . .

. . . . L'Italie ne peut rien sans la France; il faut qu'elle attende aussi avec patience que la France ait démêlé elle-même ses propres affaires. Toute imprudence est nuisible aux deux causes, car une levée de boucliers sans résultat anéantit pour bien longtemps les forces et les hommes d'un parti, pour relever l'autre à ses dépens ; et l'on méprise celui qui tombe. . . . .

. . . . »

Mes enfants me répondirent qu'ils avaient lu la note avec la plus grande attention, et qu'ils l'approuvaient. Me voilà donc tranquille sur ce point; et quand la Romagne, Modène, Plaisance se soulevèrent, je n'eus à gémir que sur les malheurs que je voyais tomber sur ces pays, sans y ajouter l'effroi d'y voir mes fils.

J'ignorais, ce que j'ai su depuis, que Menotti était venu les trouver à Florence, leur avait exposé l'état de l'Italie et le besoin qu'elle pouvait avoir d'eux.

Attaché au duc de Modène, il avait voulu, d'accord avec lui, le faire agréer comme l'appui de l'indépendance ; mais repoussé par la méfiance trop motivée des Italiens contre un prince autrichien si contraire à la liberté, il avait dû y renoncer. Menotti leur apprit ces détails, et leur dit que le nom de Napoléon était encore tout-puissant sur les peuples; qu'il devait servir à la cause de la liberté, et que l'Italie réclamait leur intervention pour la soutenir quand le moment serait arrivé.

Mes enfants s'y engagèrent; Menotti ne croyait pas l'instant si tôt venu. Toutes les mesures n'étaient pas également prises dans tous les pays de l'Italie, qui se promettaient secours et qui n'étaient pas prêts.

Un incident instruisit le duc de Modène et fit éclater le complot. On en vint aux armes; le duc fut vaincu et dut la vie à ce même Menotti qu'il fit exécuter quand, à la tête des Autrichiens, il rentra dans ses États.

Ignorant tous ces détails, j'étais à Rome, aussi tranquille qu'on peut l'être quand on sent le sol trembler sous ses pieds, et que nos intérêts les plus chers ne sont pas encore complétement à l'abri du danger.

Malgré l'effroi causé par l'annonce du soulèvement et les progrès que faisait la révolte, on dansait tous les jours à Rome. Le pape [1] était nommé ; c'était un brave homme, pieux, indulgent, mais étranger aux passions qui agitent le monde ; il allait se trouver en lutte avec elles. Les fêtes de son installation eurent lieu comme à l'ordinaire, et les étrangers se joignirent aux Romains pour jouir ensuite des plaisirs du carnaval.

La joie innocente et naïve du peuple m'a toujours inspiré un sentiment de satisfaction mêlé d'attendrissement. C'est lui qui supporte toutes les souffrances, toutes les privations de la vie ; d'autres jouissent du fruit de son travail. C'est sur lui que pèsent les impôts, la guerre, la disette. La gloire est pour d'autres, et le dédain est trop souvent ce qu'il recueille de son noble courage. Sa joie m'a toujours fait du bien. Les Romains sont charmants dans ces fêtes populaires où, se travestissant en comtes et en marquis, ils

---

[1] Grégoire XVI.

en imitent et les formes et les manières, et viennent avec galanterie vous montrer leur esprit et leur douce gaieté. Je me plaisais toujours à suivre le Cours, au milieu de cette foule joyeuse, pendant ces huit jours de carnaval qui sont si brillants à Rome.

Le samedi gras j'attendais l'heure de monter en voiture; lorsqu'un jeune homme demande à me parler, ayant quelque chose d'important à me dire. Son nom ne m'était pas connu ; je le fis entrer pourtant. « Madame, me dit-il, je crois de
» mon devoir de vous engager à ne pas aller au-
» jourd'hui au Cours. Nous sommes prêts et dé-
» cidés à tenter un soulèvement, toutes les pré-
» cautions sont prises : il ne peut arriver aucun
» malheur ; mais vous pourriez vous trouver dans
» un moment de désordre. J'ai voulu vous l'évi-
» ter. » Je lui laissai voir la terreur que m'inspirait une telle entreprise, et lui représentai tout le danger qu'il y avait à s'y jeter. Il me répondit avec émotion et courage : « Essayer
» même de sortir d'esclavage, est un devoir;

» on est trop heureux de s'y sacrifier. » Et il partit.

On a su depuis le plan vrai ou faux de cette conspiration. A l'heure où toutes les troupes sont sur deux lignes dans la grande rue du Cours, et où toutes les voitures, remplies de femmes et de masques, se suivent à la file, les conjurés ayant chacun leur place marquée et un signe de ralliement, au coup de canon qui annonce la fête devaient se jeter deux sur un soldat pour le désarmer, tandis qu'un troisième couperait les traits des chevaux. Le peu de cavalerie qu'il y avait ne pouvait alors avancer, puisque les voitures restant en place formaient des barricades. Rome était soumise aux vainqueurs, seuls armés par ce moyen, et qui s'emparaient tout de suite du fort Saint-Ange.

Mes appartements avaient vue sur le Cours. Toutes les fenêtres ouvertes, pavoisées, y donnaient un air de réjouissance : elles étaient fort recherchées, je permettais à beaucoup de personnes étrangères d'y venir. J'étais moi-même à me promener dans mes salons, inquiète des événements qui allaient se passer, quand j'appris que le Cours était contremandé.

Les édits du pape qui annonçaient des complots coupables et tout ce qui transpirait sur le projet d'un soulèvement, rendaient tous les étrangers inquiets de leur position. L'autorité avait fait un appel aux fameux faubourgs de Transtevère et dei Monti.

On prétend que les habitants de ces faubourgs sont les purs restes du sang romain, et qu'ils ne se sont jamais mésalliés. Leur courage égale leur ignorance, et leur méfiance de l'étranger réveillerait facilement leurs passions. On se souvenait de la mort du général Duphot; et sans savoir d'où pouvait venir le danger, chaque Français s'armait en cas d'attaque. Il y en eut plusieurs qui venaient chez moi, et qui, me voyant si isolée, m'offrirent leurs services. C'étaient presque tous des personnes attachées à Charles X. M. de Bressieux, capitaine distingué de la garde royale, ancien page de l'Empereur et fils d'une dame de ma belle-mère, fut celui qui y mit le plus d'instances. Je n'avais nulle inquiétude pour moi ; au contraire, je me sentais toute légère de n'avoir pas à trembler pour mes enfants. J'acceptai pourtant ses offres de service afin de ne pas être seule en cas d'événements, et je l'engageai à venir avec un de ses amis dîner chez moi tous les jours jusqu'à son départ. Ils y venaient donc pour la première fois le jour même dont la matinée avait été désignée pour le soulèvement.

Nous parlions gaiement à table, comme les Français le font toujours, des choses même les plus sérieuses, de la terreur causée par les révolutions, du pillage dont tout le monde paraissait avoir peur, et des moyens de se barricader chez soi, lorsque nous entendîmes une décharge de mousqueterie. Le prince Ruspoli, propriétaire du palais que j'habitais, entra précipitamment chez moi. Il était avec raison fort effrayé, et il venait pourtant me rassurer.

M. de Bressieux, avec tout le calme d'un homme plus habitué aux événements, commença par vouloir faire fermer la grande porte du palais ; mais ce fut chose impossible. L'étiquette l'avait clouée là depuis si longtemps, qu'à la mort seule d'un prince romain il est permis de la remuer, et depuis le dernier mort on avait négligé de faire raccommoder les ferrures.

Pendant ce temps, la troupe parcourait les rues. On entendit bien encore de loin en loin quelques coups de fusil, mais le calme se rétablit.

Mon salon se remplit à l'instant de tous les Français et Françaises de ma connaissance. Chacun venait se réfugier près de moi. Il semblait aux autres comme à moi que je n'avais rien à redouter des coups qui ne partaient pas des rois. 1814 et 1815 m'avaient assez montré que ceux-là seuls m'étaient à craindre.

Voici ce que j'appris le lendemain sur la fusillade que nous avions entendue. Toute cette jeunesse que le contre-ordre du matin avait mise dans l'impuissance d'agir, n'en voulait pas moins exécuter ses projets le soir. La troupe du pape campait toute armée sur les places; et quoiqu'on présumât qu'une partie fût indécise, quel est le soldat qui se laisse enlever ses armes par la force ?

A la nuit, sur la place Colonne, les jeunes gens s'avancèrent sur le régiment d'infanterie pour le désarmer à l'improviste. Un seul coup de pistolet fut tiré de ce côté, et ils reçurent une décharge de peloton. Beaucoup furent blessés ou tués. Chose extraordinaire, on ne trouva pas un seul corps sur la place, seulement des traces de sang dans plusieurs directions annoncèrent des victimes ; mais les vaincus avaient eu l'humanité et le sang-froid qu'on ne trouve ordinairement que chez les vainqueurs.

Le sort me place sans cesse actrice dans tous les événements, tandis que ma volonté et mes actions devraient m'y laisser toujours étrangère. Mais qui peut résister à soulager le malheur qui s'adresse à nous?

Un Corse, ancien militaire qui connaissait ma femme de chambre, vient la trouver. Son fils est grièvement blessé. Il a eu la force de le porter jusque chez lui. Les recherches vont commencer, il sera en prison, il n'en doute pas ; mais son fils ne pourra supporter les horreurs du cachot, il en mourra, blessé comme il est. Il court partout pour chercher un refuge, partout on le lui refuse. Il n'y a que moi, dit-il, qui puisse le sauver. Il se jette à mes pieds, et comme la pauvre mère, il me crie : « Sauvez mon fils ! »

Je ne puis résister à soulager un malheur de ce genre, et je consens à me charger de ce fils, malgré toute la difficulté qui s'y trouve.

Comme j'avais encore chez moi mon prisonnier qui n'avait pu trouver une occasion sûre pour quitter les États romains, je pense à lui confier sans doute un ami : il le soignera. Le plus embarrassant est de l'amener dans le palais, sans éveiller les soupçons. J'arrange les plus petits détails moi-même, car tout ce qu'on me proposait était dangereux. Ma voiture, sans livrée, part à la nuit ; on y place le blessé. J'avais un valet de chambre souffrant d'une sciatique : on dit au portier que c'est lui qui rentre d'une petite promenade. On porte le jeune homme chez lui, et pendant la nuit, quand tout dort dans le palais, mes deux valets de pied le transportent dans la chambre du premier infortuné. Il faut pourtant mettre un chirurgien dans la confidence. Il trouve cinq blessures, dont deux sont fort graves. Lorsqu'il vint m'en rendre compte, je songeai pour la première fois que ce jeune homme pouvait mourir chez moi. Que faudrait-il faire alors? Puis j'éloigne cette triste idée. J'ai été heureuse pour la pauvre mère, pourquoi ne le serais-je pas pour le pauvre père [1]?

Cependant tous ces événements et les événe-

---

[1] Lorsque j'écrivis tous ces détails, je n'avais nullement le projet de les rendre publics ; et quand je me suis laissée persuader du contraire, j'ai dû pourtant laisser subsister toute la vérité, malgré l'inconvénient pour moi aux yeux des puissants du jour de me montrer toujours prête à sauver leurs ennemis ; mais ils se rappelleront que dans le temps où ils étaient vaincus et malheureux, ce fut près de moi qu'ils trouvèrent eux-mêmes intérêt et consolation. Pendant les guerres, quand la femme et les enfants d'un ambassadeur étranger restaient à Paris repoussés de chacun, car chacun craint de se compromettre, c'était

ments plus graves de la Romagne, où la révolution faisait des progrès, jetaient une grande consternation dans Rome.

Les cardinaux commençaient à perdre courage. Sans aucun moyen de résistance, fallait-il faire quelques concessions aux insurgés? Ils recevaient les avis de chacun, les recherchaient même alors, et ne décidaient rien.

Un jeune savant belge, M. Verhulst [1], se trouvait à Rome pour sa santé. Il venait très-souvent le soir chez moi ; nous avions ensemble de fréquentes discussions. Il demande un matin à me

près de moi seule qu'ils venaient chercher un refuge, un appui, et qu'ils étaient toujours sûrs d'être accueillis.

Quand nos conquêtes faisaient craindre aux vaincus de voir anéantir toutes leurs fortunes, c'était encore chez moi que se trouvaient déposés leurs diamants, seule ressource qu'ils croyaient conserver.

Enfin, n'importe le rang, la position, le sort m'a souvent réservé la noble tâche de soulager le malheur. J'en suis trop fière, pour ne pas me laisser aller à la sympathie qu'il m'inspire quand je l'aperçois, et au devoir qu'il m'impose quand il s'adresse à moi.

[1] Auteur d'un traité sur l'optique.

parler, et m'apporte un projet de constitution pour les États romains, qu'il voulait soumettre à ma critique avant de le donner au cardinal-vicaire pour le montrer au pape. Je ne pus m'empêcher de rire de la singularité de ma position. Moi, réviser une constitution, et pour le pape ! Cela me faisait l'effet d'une plaisanterie.

Mais mon jeune Belge ne riait pas. « J'ai causé
» hier toute la soirée, me dit-il, avec plusieurs
» cardinaux, leur terreur est grande. Je leur ai
» parlé du seul moyen de sauver l'Église et l'É-
» tat. Ils ont trouvé justes toutes mes observations,
» et l'un d'eux veut les soumettre aujourd'hui
» même au pape. Voici la constitution dont je
» viens d'esquisser les bases. — Hélas ! lui dis-
» je, si le pape était homme à faire les conces-
» sions convenables, il serait demain le chef de
» toute l'Italie. Il dicterait peut-être encore des
» lois à l'Europe, et rendrait à la religion, alliée
» à la liberté, la splendeur qu'elle avait autrefois.
» Mais, en conscience, croyez-vous que ces bons
» religieux comprendront un mot de ce que vous

» allez leur dire? Chaque changement leur pa-
» raîtra un sacrilége. Lisons cependant votre
» projet; mais, je vous le dis d'avance, c'est de
» la peine perdue. »

Nous discutâmes pourtant article par article ces nouvelles institutions, qui donnaient à tous les Romains le moyen d'arriver aux places, et qui pouvaient satisfaire encore, jusqu'à un certain point, et la noblesse et le clergé. Je lui fis changer plusieurs choses capables de choquer le sacré collége, en paraissant toucher à la partie spirituelle. Il approuva toutes mes observations, et partit enchanté de son ouvrage.

J'ai toujours remarqué que la jeunesse, animée du besoin d'être utile, juge d'après sa noble ardeur, et ne doute jamais de la réussite. Moi aussi j'ai partagé ces illusions; mais l'expérience m'a désenchantée. Après avoir vu le génie le plus grand souvent si peu compris, même par des gens distingués, devais-je croire que de bons religieux, ignorant complétement les nouvelles idées qui sont prêtes à bouleverser le monde, habitués à la toute-puissance reçue d'un Dieu, voulussent y rien changer ? Il eût fallu les refaire. Je ne me trompai pas. Le lendemain, il y avait une grande soirée chez le roi Jérôme ; il me dit : « Je viens » d'apprendre que ce jeune Belge qui va chez » vous cause des craintes au gouvernement pa- » pal ; on le croit un révolutionnaire dont on » commence à se méfier. On parle même de le » renvoyer de Rome. » Voilà comme il fut payé de ses bons conseils.

A cette époque, on discutait beaucoup la nomination du fils aîné de mon frère au trône de Belgique. Aussitôt que le peuple est maître, il cherche, comme garantie de son indépendance, ces nouvelles illustrations auxquelles il a dû sa gloire, et qui lui doivent tout. Mais ce n'était pas la politique que suivait le gouvernement français, et d'ailleurs, depuis longtemps, toutes les qualités personnelles du prince Léopold faisaient désirer à la famille d'Orléans qu'il devînt l'époux de la princesse Louise ; on devait donc désirer qu'il obtînt la Belgique. Quant à mon neveu, cette couronne n'était à ambitionner pour lui que si la

France entrait franchement dans ses intérêts ; et cela n'était pas probable.

Cependant le pape, prêt à perdre ses États, se jeta dans les bras de l'Autriche. L'Italie attendait avec anxiété ce que la France allait décider. Si, après sa révolution, elle avait proclamé hautement qu'elle n'en soutiendrait aucune, les peuples n'auraient pas eu de reproches à lui faire, si, en se soulevant, ils étaient abandonnés. Mais à la tribune on proclamait l'inviolabilité du principe de non-intervention ; tout le monde y fut trompé. Il est tout simple qu'une jeunesse exaltée, malheureuse et entreprenante, le fut aussi.

Les journaux et les différents rapports avaient grossi tout ce qui venait de se passer à Rome. Mes enfants furent inquiets de me savoir seule au milieu de quelques dangers ; et malgré mes lettres, qui devaient les rassurer, ils m'écrivirent qu'ils me priaient en grâce de quitter Rome, et ajoutaient qu'ils partaient décidément le lendemain pour venir au-devant de moi. Cette lettre, comme l'annonce d'un grand malheur, me frappa d'un coup terrible. L'insurrection approchait ; ils allaient peut-être se trouver au milieu, s'y jeter. Je les voyais perdus dans une lutte aussi inégale, car je ne m'abusais pas sur les résultats. Ne pouvant maîtriser mes craintes et mes inquiétudes, je me décidai à partir à l'instant même. Il fallait que je me retrouvasse avec eux pour être tranquille.

Je quittai Rome avec un vif sentiment de regret. Ce ciel avait été doux à mes souffrances ; ce peuple si cordial m'avait inspiré un intérêt réel. Là, tout me plaisait ; mes fils étaient tous deux près de moi, et l'exil même avait perdu pour moi un peu de son amertume. Cette terre hospitalière est véritablement la patrie de toutes les grandes infortunes ; l'image des vicissitudes humaines s'y présente partout ; et si ces vastes ruines, qui saisissent notre admiration, nous montrent que toute grandeur est passagère, ces pieux monuments élevés près d'elles rappellent en même temps à nos cœurs les seules consolations dont la source est immortelle.

M. de Bressieux m'accompagne. Je laisse le blessé, qui allait mieux, aux soins de serviteurs fidèles ; j'emmène sur le siège de ma voiture l'autre malheureux. Je pars avant le jour, exprès pour qu'il ne soit pas reconnu aux portes de Rome. Cependant un homme le voit, lui fait un signe, et en garde le secret : c'est un ami. Plus loin, à une poste, c'est une troupe qui va défendre Civita-Castellana, et dont le chef a été le geôlier du pauvre officier, qui, à son aspect, tremble d'être découvert. Enfin, nous passons la frontière, et l'expression de sa joie, de sa reconnaissance, montre assez tout ce qu'il a souffert jadis, et toutes les tortures qu'il redoutait.

Pour moi, je n'existe pas ; à chaque voiture que j'aperçois de loin, je crois voir mes enfants, puis je me désespère ; ensuite je me persuade que mes craintes sont vaines. En recevant leurs lettres, je leur ai écrit de rester, que j'arrivais, que je les priais de ne pas venir au-devant de moi, que j'étais bien escortée. Ils auront suivi mon désir, j'ai tort de m'inquiéter. Mais j'ai beau me le répéter, plus j'avance et plus mon effroi augmente. Je ne puis cacher à ceux qui sont avec moi toutes mes angoisses.

M. de Bressieux, qui avait accompagné dans

sa fuite Charles X et sa famille, et qui, par un hasard extraordinaire, se trouvait encore la sauvegarde d'une autre infortune, employait tous ses efforts pour me rassurer. Je lui avais d'autant plus d'obligations d'avoir quitté Rome pour m'être utile, qu'une jeune veuve qu'il aimait y arrivait en même temps. A l'annonce de son prochain départ, elle n'avait pu cacher ses secrets sentiments, et, sûr d'être payé de retour, il la quittait au moment d'être heureux. Il me racontait donc, pour me distraire, et ses amours et sa retraite avec Charles X.

Je l'écoutais avec intérêt, et je l'engageais fort à retourner aussitôt à Rome pour se marier. Je m'affligeais d'être la cause d'un retard à sa félicité. « Non, me disait-il ; sans ce » départ je n'aurais pas su de longtemps que » j'étais aimé d'elle : vous m'avez donc porté » bonheur. »

III

La nuit avançait : même à la porte de Florence j'espérais encore voir venir à cheval, comme à l'ordinaire, mes enfants au-devant de moi ; mais c'est en vain. J'arrive à l'auberge, je puis à peine descendre de voiture, mes jambes tremblaient sous moi. Je parle d'eux, on ne sait que m'en dire, on les croit chez leur père. Je n'ai pas encore perdu tout espoir.

M. de Bressieux court chez mon mari. Ce moment d'incertitude est affreux. Il revient enfin, et c'est pour me porter le coup le plus cruel. Ils sont partis!...

Je peindrais mal toutes les craintes qui m'assaillirent, et toutes les douleurs que je pressentis à l'instant. J'en fus accablée.

Un domestique, laissé par mon plus jeune fils, m'apporte une lettre de lui. « Votre affection
» nous comprendra, me disait-il : nous avons
» pris des engagements, nous ne pouvons y man-
» quer, et le nom que nous portons nous oblige
» à secourir les peuples malheureux qui nous
» appellent. Faites que je passe aux yeux de ma
» belle-sœur pour avoir entraîné son mari, qui
» souffre de lui avoir caché une action de sa
» vie. »

A la lecture de cette lettre, qui me brisait le cœur et ne me laissait plus d'incertitude, je m'écriai : « Allons! il ne s'agit pas de s'abandonner au désespoir, il faut du courage à présent! » Et je recueillis tout le mien. Les voilà donc exposés à tous les dangers, à toutes les infortunes. Si l'on ne peut les en tirer, au moins que notre sollicitude se porte vers eux pour les guider, et les sauver, s'il y a lieu, par notre influence.

Je passai la nuit à leur écrire. Je les conjurais de revenir s'ils n'avaient pas pris parti dans cette cause qui ne pouvait leur être que funeste, et, s'il était possible, s'en retirer avec honneur. M. de Bressieux se chargea de ma lettre et de tous mes conseils. Il emmena l'officier qui allait se réunir à mes enfants, et auquel je les recomdai en pleurant.

Le lendemain, mon mari arrive tout effrayé chez moi. Habitué à la douceur de ses deux fils, à leur soumission absolue à toutes ses volontés, il ne concevait pas qui avait pu les entraîner à la plus petite démarche sans sa permission.

Il leur envoie courrier sur courrier, ordre sur ordre de revenir à l'instant. Un professeur de ses amis part aussi. Son retour nous apprend qu'ils avaient pris parti; qu'ils organisaient la défense depuis Foligno jusqu'à Civita-Castellana ; que toute la jeunesse des villes et des campagnes leur obéissait; que sans être à peine armés, ils cherchaient à tirer parti du peu de ressources qu'offrait le pays, et se préparaient à prendre Civita-Castellana, et y délivrer les prisonniers d'État qui gémissaient dans les cachots depuis huit ans. De là à Rome il n'y avait plus d'obstacles.

A ces nouvelles qui confirmaient toutes mes craintes, je n'eus plus l'espoir de revoir mes enfants qu'au moment d'une catastrophe que je ne prévoyais que trop, et mes idées ne furent plus portées que vers les moyens de les sauver lorsqu'elle serait arrivée.

Mon mari, au désespoir, comme si un pressentiment lui eût appris tout ce qu'il allait avoir de douleur, ne me laissait pas un moment de repos. Il voulait absolument que je partisse pour aller chercher ses enfants et les ramener. « Je ne le pourrai pas, lui disais-je. S'ils doivent revenir, ce ne peut être que de leur plein gré. S'il ont pris parti, je ne pourrai les détacher; et l'on ne manquera pas de dire que je vais

» avec des millions pour les aider. Alors, dans
» le moment terrible que je prévois, qui pourra
» leur être utile si je me suis compromise avec
» eux ? »

Je ne parvenais pas à le persuader, et son chagrin était si grand, qu'il allait jusque chez le ministre d'Autriche demander l'impossible : qu'on réclamât aux avant-postes ses enfants.

Forcée de le satisfaire en quelque chose pour le calmer, je me décidai à aller à la frontière de Toscane, pour de là écrire, comme il le désirait, à mes enfants de venir me voir. Je n'espérais rien de cette démarche; c'était simplement pour le contenter. Aussitôt que je demandai mes passe-ports, le prince Corsini, frère du ministre de Toscane, vint me trouver. Je vis l'inquiétude que faisait éprouver ma démarche, et je lui dis franchement le désir de mon mari. Le prince alors entra dans les mêmes idées, et, de l'air le plus simple, me conseilla le seul moyen de les ravoir : c'était de me dire malade, pour les attirer à la frontière, et pour qu'une troupe toscane placée là les prit de force. Ce piége qu'on proposait à une mère, et dont on pouvait user malgré elle, me fit préférer encore le tourment sans cesse renaissant que me causait l'inquiète agitation de mon mari. Je restai à Florence. D'ailleurs, un des jeunes fils de la princesse de Canino, femme de Lucien Bonaparte, qui s'était enfui du château de son père pour se soustraire à son gouverneur, venait d'être repris. La crainte qu'il n'allât se réunir aux insurgés contre le pape, auquel sa famille avait des obligations[1], avait fait obtenir à la princesse une place pour son fils dans une des prisons d'État de la Toscane. On ne demandait pas mieux que cet exemple fût suivi pour mes enfants.

Je craignais quelquefois que ma pauvre tête ne pût suffire à tout ce qui l'occupait. La nuit, je ne pouvais dormir; je me promenais dans ma chambre, agitée de mille pensées sinistres. « Comment les sauverai-je, me disais-je; par quel

---

[1] Les principautés de Canino et de Musignano ont été créées par le pape en faveur de Lucien Bonaparte et de son fils aîné.

» moyen? où aller avec eux? » Je ne voyais que la Turquie. Smyrne, dont m'avait beaucoup parlé le duc de Rovigo, et qui fut le lieu où il passa son exil, était l'endroit que j'avais fixé. Mais cette lutte que je prévoyais me mettait la mort dans l'âme. « L'armée autrichienne va en-
» trer. Ces pauvres Italiens, sans armes, seront
» battus; et je dois me trouver derrière le champ
» de bataille pour sauver des vaincus qui me
» sont si chers! » Alors j'étais prête à me livrer au désespoir; je me jetais à genoux : « O mon
» Dieu! m'écriais-je, qu'ils me reviennent en vie,
» je n'en demande pas davantage! »

Toutes mes nuits se passaient dans de semblables agitations, et mes journées à résister à mon mari, qui voulait me voir partir à l'instant, qui me faisait écrire au général Armandi [1], et qui lui-même employait tous les moyens pour faire sortir ses enfants du parti qu'ils avaient pris. Il ne voulait leur envoyer ni leurs chevaux ni les

[1] Ancien gouverneur de mon fils Napoléon, et qui avait été appelé par les insurgés à occuper des fonctions importantes.

moyens de vivre loin de lui. Ils étaient partis, forts de leur conscience et riches de leur courage, sans songer au lendemain, et je les voyais abandonnés sans secours et sans appui au milieu des dangers.

Pendant que nous étions accablés d'inquiétudes, mes enfants, non moins agités, étaient tourmentés dans tout ce qu'ils entreprenaient. A Rome, la consternation était grande. Ce nom envahissant se montre donc enfin! s'écriait-on de toutes parts. La diplomatie voulait en faire le prétexte de l'intervention déjà bien décidée. J'ai vu une lettre d'un diplomate, où il disait : « Ces » jeunes gens qui se croient toujours princes im- » périaux, s'ils étaient pris, verraient bien ce » qu'ils sont réellement, à la façon dont on les » traiterait. »

Le cardinal Fesch, le roi Jérôme, restés à Rome, leur envoyaient des ordres, des prières pour quitter l'armée. D'accord avec leur père, on écrivait au gouvernement provisoire de Bologne qu'ils nuisaient à leur cause; au général

Armandi, nommé ministre de la guerre, pour les faire rappeler de l'armée. Enfin, amis, ennemis, famille, tout le monde se donnait le mot pour neutraliser leurs efforts, tandis que l'enthousiasme le plus grand animait tout le pays qu'ils occupaient, et que la jeunesse, calculant la réussite sur son ardeur et sur son courage, se voyait déjà en espérance maîtresse de Rome, dont elle connaissait le découragement et le peu de moyens de défense. On ne mettait pas en doute que sous deux jours le pape ne fût en la puissance de cette petite armée. On la redoutait sans doute à Rome, car M. de Stoelting [1] fut envoyé près de mes enfants par le roi Jérôme qui venait de voir le pape. C'est donc avec l'autorisation du pape qu'on voulut entrer en pourparlers, et savoir les véritables intentions des insurgés.

« Sa Sainteté, dit M. Stoelting à mon fils aîné,
» ne sait pas ce que veulent les insurgés; qu'ils
» s'expliquent. Il serait important de lui faire

---

[1] Officier attaché au roi Jérôme.

» connaître promptement le véritable état des
» choses. Si vous voulez présenter un aperçu de
» leurs réclamations, je me charge de le lui
» soumettre. »

Mon fils consentit à se faire l'interprète des vœux exprimés par toute la jeunesse qui l'entourait. Il fit rédiger par le comité de Terni les principaux griefs, les désirs comme les besoins du pays; et sa lettre au pape, remise par M. de Stoelting, ne fut que l'expression de tous ces vœux réunis.

Il eut ainsi l'air d'imposer des lois en vainqueur, tandis qu'il ne faisait qu'intercéder au nom de tous. Mais les avis que lui dictaient son amour du bien public, l'exaltation qui l'environnait et ses dispositions conciliatrices, lui furent plus tard imputés à crime. On représenta comme une insulte ce que ce jeune homme faisait alors avec un sentiment de bienveillance.

M. de Stoelting jugea les sentiments de mes enfants ce qu'ils étaient réellement, puisque dans une lettre qu'il m'écrivit alors, il les loue de leur modération et de leur conduite dans cette circonstance.

« Madame,

» Les circonstances dont le détail serait inutile et superflu, m'ont fait aller ici, chargé d'une mission du roi Jérôme pour les princes ses neveux.

» J'ai dû me persuader que les ordres que j'avais reçus étaient *inexécutables*, que les princes ne *pouvaient* reculer, et que l'idée même leur répugne, à cause du rôle généreux qu'ils croient devoir remplir. Ce rôle est celui de médiateurs, de conciliateurs, de conservateurs de la religion et du bon ordre. Ils espèrent tout de leur vocation. Votre Majesté sentira que mon ministère a dû finir promptement là où je n'avais que des considérations sérieuses à opposer au sentiment, des doutes à la conviction.

» J'étais chargé d'aller plus loin, mais le désir de servir les princes, et la pacification générale qu'ils envisagent, m'ont déterminé à repartir pour Rome après quelques heures de repos, et de porter au Saint-Père les respectueuses représentations qu'ils croient devoir lui soumettre.

» Je remplirai en même temps le devoir de tranquilliser autant que possible les membres de la famille qui restent dans la capitale.

» Je n'ai pas cru devoir en même temps négliger ce petit compte rendu, en assurant Votre Majesté, le roi Louis et la princesse Charlotte, que j'ai retrouvé les princes en très-bonne santé et dans les dispositions les plus dignes de leur nom.

» Je suis, avec le plus profond respect, madame, de Votre Majesté, le très-humble, très-obéissant et très-dévoué serviteur,

» STOELTING. »

Terni, ce 25 février 1831,
à 4 heures du soir.

M. Stoelting consentit à être porteur de cette dépêche, inconsidérée sans doute, et qu'on a tant reprochée à mon fils, mais que le sentiment qui l'avait dictée devait faire juger moins sévèrement.

Cependant le concours de tant d'efforts réunis obligea mes enfants à céder. J'en reçus la nouvelle par le général Armandi.

Monsauvito, 3 mars 1831.

« Madame,

» Les jeunes princes sont ici et très-bien portants. Ils ont fait un sacrifice pénible et qui demande un grand fond de raison et de sentiments: c'est pour ne pas nuire aux intérêts de cette malheureuse Italie, qu'il ne leur est pas même permis d'aider ouvertement; c'est pour ne pas affliger ou compromettre ce qu'ils ont de plus cher au monde.

» Je conçois, madame, ce qui doit s'être passé dans votre cœur pendant ces derniers jours. C'était la première idée qui m'avait frappé aussi, et que j'ai eu l'honneur de vous exprimer par ma lettre du 28 mai. Soyez encore plus fière que vous ne l'étiez, madame, d'avoir de tels enfants ; toute leur conduite dans cette circonstance est un enchaînement de sentiments nobles, généreux, dignes de leur nom, et l'histoire ne l'oubliera pas. Un jour, il faudra bien qu'on appelle vertu ce qui est vertu, et toutes les diplomaties du monde n'y changeront rien.

» Ils partent aujourd'hui pour Bologne. Je prends la même route demain. Ils se proposent d'y rester quelque temps ; et si cela encore devait donner de l'ombrage, ils se retireront à Ravenne, chez leur cousine. C'est à Bologne que j'attends les ordres de Votre Altesse, chez M. Le Bon. J'ai un pressentiment, madame, de vous y voir aussi ; au reste, tout est bien en l'air encore. Il me tarde d'être à Bologne, et je quitte Ancône à regret, car c'était mon poste d'élection. Veuillez bien, madame, me compter toujours pour votre fidèle serviteur,

» Ch Armandi.

» *P. S.* Pour le moment, je crois que la prudence conseille aux princes de rester dans nos provinces; Votre Altesse saura quand ils pourront venir d'une manière sûre et convenable. »

D'un côté, le gouvernement de Bologne s'opposa à la prise de Rome; de l'autre, le général Sercognani arriva avec des troupes, et eut l'ordre de remplacer mes enfants. Ils se rendirent à Ancône, et de là à Bologne, voulant au moins servir comme volontaires.

Mon mari, qui croyait avoir réussi à les faire revenir, fut encore désolé; et malgré une lettre de ses enfants, qui lui disaient que si on les tourmentait aussi cruellement, ils iraient servir en Pologne, il n'en conservait pas moins l'idée que je devais aller les chercher. Mais dès qu'on sut qu'ils avaient quitté l'armée, les gouvernements devinrent plus sévères; on ne les redoutait plus. Malgré toute l'estime qui entoure mon mari, on vint lui signifier que ses fils ne seraient pas reçus en Toscane. Le ministre d'Autriche déclarait aussi de son côté qu'on ne les laisserait plus habiter la Suisse. Le roi Jérôme et le cardinal Fesch écrivaient de Rome que s'ils étaient pris par les Autrichiens, ils étaient perdus. Perdus ! ce mot seul suffit pour faire deviner toutes les angoisses qui remplissaient mon âme.

IV

J'avais confié à mon mari que je voulais emmener mes enfants en Turquie, mais que je serais peut-être forcée de m'embarquer dans un port de la Méditerranée, et de passer par la Corse. La Corse l'avait effrayé, parce qu'il savait qu'il y avait là beaucoup d'amis de la famille de l'Empereur, et qu'il redoutait même une marque d'affection qui pourrait devenir dangereuse. Je promis donc d'aller d'Ancône à Corfou ; mais il voulait me faire partir sans retard, et moi, je ne voulais quitter Florence que lorsque les Autrichiens entreraient en Romagne, parce que je savais bien qu'il fallait une déroute pour me donner la possibilité d'avoir mes enfants, et qu'ils défendraient avec persévérance la cause qu'ils voulaient servir, tant qu'elle existerait. Je faisais donc mes dispositions pour m'exiler en Turquie. Je disais adieu à mes amis de France, à ma patrie, à l'Europe même que je croyais ne revoir jamais, lorsque j'appris qu'une flottille autrichienne se montrait dans l'Adriatique. Cette nouvelle m'anéantit, elle détruisait tous mes plans. Je pensai avec raison qu'il était impossible de ne pas être pris lorsqu'au dernier moment on s'embarquerait à Ancône. Alors toute mon anxiété recommença. Gagner un port par les États romains ou par le royaume de Naples, était impossible; la Toscane ne voulait plus recevoir mes enfants; par où fallait-il se diriger pour les soustraire, après une déroute, à tous les dangers qui allaient les environner?

J'eus l'idée de demander un passe-port suédois

pour deux jeunes gens de cette nation, et dont mes enfants pourraient profiter après la défaite, et traverser même toute l'armée autrichienne pour gagner la Suisse. J'en parlai à quelqu'un qui pouvait avoir le moyen de l'obtenir, et j'appris le lendemain par une Italienne qui n'avait aucune relation avec celui qui s'en était chargé, que cet espoir de sauver mes fils lui avait été communiqué par plusieurs personnes.

A l'instant je compris qu'il fallait renoncer à un moyen resté si peu caché, et que je devais garder pour moi seule ce que je pourrais entreprendre désormais.

Chaque jour, chaque heure épuisait mes forces et mon courage. La nuit surtout, où dans le calme je cherchais à me reposer des assauts et des discussions du jour, au lieu de repos je m'abandonnais à peser tous les moyens possibles de sauver mes enfants de tant d'ennemis acharnés contre eux.

Tout à coup une idée me vient, hardie, presque impraticable ; c'est égal, je m'y livre C'est le seul moyen, et je les sauverai. Je les emmènerai par le chemin où l'on pourra le moins les chercher, par la France, par Paris. Un décret de mort y est encore lancé contre eux ; mais n'importe : le nom de liberté, de justice, d'humanité doit avoir là trop d'empire pour que j'aie rien à redouter. Je suis bien décidée, mon plan est arrêté, je n'ai plus qu'à le mettre à exécution.

Le lendemain matin, on m'annonce M. H..., Genevois, qui, avec un noble sentiment, mettait à honneur de servir une cause malheureuse. Il arrivait de Bologne, et cherchait les moyens d'aller en France pour intéresser le gouvernement en faveur des Italiens. Il m'apprit pourtant qu'il n'avait plus d'espoir, qu'il avait entendu le canon en passant, que les Autrichiens s'avançaient, et avaient déjà repris Modène.

La non-intervention est donc décidément méconnue. Je n'ai plus de temps à perdre pour réaliser mes projets. J'écris à un Anglais dont j'avais bien accueilli la famille il y avait quelques années, et qui, alors à Florence, était venu me

faire une visite. Il arrive à l'instant : « Vous pou-
» vez me donner plus que la vie, lui dis-je, il
» faut que vous m'ayez un passe-port sous le nom
» d'une dame anglaise qui se rend avec ses deux
» fils à Londres par la France. » Il me dit avec
une bonté touchante, et dont je me souviendrai
toute ma vie : « En recevant votre lettre, je devi-
» nai votre sollicitude pour vos enfants. Je pen-
» sais même qu'ils étaient ici, que vous vouliez
» me les confier, et je regardais chez moi où je
» pourrais les cacher. Je sais tous les dangers
» qu'ils courent. Je ne suis pas du parti des
» révolutions, mais je dois sauver la vie de ces
» deux jeunes gens, que trop de vexations ont
» accablés pour qu'ils ne soient pas excusables
» de s'être jetés dans de tels dangers. Mais vous
» n'avez pas de temps à perdre. Je vais m'occuper
» de votre passe-port ; seulement je vous de-
» mande d'en prévenir mon ministre ou mon
» gouvernement. — Faites-le, lui dis-je ; ce ne
» sera pas lord Holland, lord Grey, les anciens
» membres de l'opposition, qui ont noblement

» défendu le prisonnier de Sainte-Hélène, qui
» pourraient vous blâmer de sauver la vie de ses
» neveux. Je vous demande pourtant d'attendre,
» pour votre communication, que nous soyons
» hors du pouvoir de ceux qui, avec raison, doi-
» vent en vouloir à mes enfants. »

Soulagée d'un poids énorme, je me faisais un effort pour ne pas confier à mon mari l'espoir qui venait de ranimer mon courage. Mais le ministre de Piémont lui avait refusé son visa sur un passe-port qui aurait permis à ses enfants d'aller en Suisse. Le ministre d'Autriche lui avait dit qu'ils ne pourraient plus y demeurer. Tout ce qu'on lui proposait alors pour les sauver lui paraissait inexécutable, et il ne voulait plus entendre parler que de ce qu'il avait décidé. Aussi me répétait-il constamment : « Embarquez-vous à » Ancône pour Corfou, il n'y a que cela à faire. »

Ses inquiétudes le troublaient tellement et influaient si visiblement sur sa santé, que je crus, pour le calmer, que le meilleur moyen était d'approuver en apparence tout ce qu'il voulait. D'ailleurs, il m'avait répété souvent : « Je vous laisse » seule vous occuper d'eux, je sens que je suis » trop souffrant pour pouvoir le faire. » Il m'offrit sa voiture de voyage, puisqu'une des miennes avait ramené M. de Bressieux à Rome.

Tout le monde sachant que j'allais vers mes enfants et m'embarquer avec eux à Ancône, mon passe-port fut signé sans difficulté. L'Anglais auquel je m'étais confiée m'apporta celui qui me rendait la vie. Il était sous le nom d'une de ses parentes, et revêtu de toutes les signatures exigées. Je ne peindrai pas mon émotion, ma reconnaissance, elle est restée bien profondément gravée dans mon cœur.

Il m'engagea à ne pas perdre de temps, attendu que les Autrichiens devaient être le jour même à Bologne. Je fixai mon départ pour le lendemain matin 10 mars.

Une chose m'embarrassait beaucoup. Aux portes de Florence, il faut donner son nom. On met sans doute un visa de sortie au passe-port. Il en faut donc un au passe-port anglais que je possède, pour ne pas inspirer de soupçons ; lorsque je le montrerai à la première ville où je prendrai le nom étranger, si l'on voit qu'il n'a pas été visé à la sortie de Florence, que dirai-je? C'est une des choses qui m'ont causé le plus d'embarras, et peut-être était-elle inutile; mais lorsque je pensais quels tendres intérêts j'allais avoir à sauver, rien ne me paraissait à négliger.

J'avais envoyé près de mes enfants le plus jeune de mes valets de chambre, avec deux chevaux. Quelle peine il avait fallu pour enfreindre en cela les ordres de mon mari! Je n'avais près de moi qu'un valet de chambre encore souffrant d'une sciatique, et deux valets de pied. Mon cocher amenant mes équipages de Rome s'était cassé la jambe à la descente du pont de Florence; j'avais dû en prendre un étranger, et c'est ce qui me donnait beaucoup d'inquiétude pour la sortie que je voulais entreprendre.

Aussitôt que la nuit fut venue, je fis mettre mes chevaux conduits par le palefrenier en postillon; et mon valet de chambre malade se mit dans la voiture de voyage de mon mari. Je montai avec ma dame dans la calèche conduite par mon cocher étranger. Arrivée à la porte de Santa-Croce, on vint prendre mon passe-port anglais; il fut examiné et le nom inscrit. Seulement on vint me faire la remarque que je ne prenais pas la route indiquée. Je répondis que j'allais passer quelques jours à une villa, et l'on me congédia par un bon voyage dont j'aurais bien voulu profiter.

Je fis une demi-lieue. Il n'y avait pas de chemin de communication de la route que je suivais à une autre route qui aurait pu me ramener à Florence. Je m'arrêtai près d'une auberge. Je dis à mon valet de chambre de reprendre ma place dans la calèche, de rester même un instant à faire boire le cocher, et je lui indiquai le chemin du retour, lui recommandant bien de ne pas rentrer par la porte par laquelle nous étions sortis, et comme il était en calèche et sans paquets, de dire qu'il venait de se promener.

Je montai avec ma dame dans la voiture de voyage et je retournai sur mes pas, très-inquiète de mon retour, car mon équipage était assez ridicule pour avoir été remarqué.

En arrivant près de la porte que je venais de quitter, le cœur me battit fortement. Heureusement les hommes de police s'occupaient d'une diligence qui sortait à l'instant. Nous pûmes donc tourner cette porte sans être vus, et en dehors des murs aller rejoindre la première qui se rencontrerait. En entrant nous fûmes arrêtés. « Ce » sont des voyageurs, dit-on ; il faut un passe-» port. » — Nous n'en avons pas, dîmes-nous, » nous faisons l'essai d'une voiture que nous » voulons acheter, vous voyez bien qu'elle n'est » pas chargée. Nous sommes sortis par une autre » porte pour faire une promenade, et nous ren-» trons. » Après avoir entendu toutes ces raisons, ils nous laissèrent passer. Mon palefrenier allemand, qui ne connaissait pas la ville, nous perdit, et ce ne fut qu'après une heure que nous pûmes retrouver notre hôtel. La calèche revint sans embarras, et l'on chargea mes voitures pour le lendemain.

Je refusai toutes les personnes qui, me voyant partir si seule, me proposaient de m'accompagner. J'avais mon plan ; il ne fallait aucun homme avec moi ; une dame me suffisait, et celle que j'avais, remplie de dévouement et de courage, me secondait parfaitement.

Ma pauvre belle-fille était au désespoir. Placée entre le désir de se réunir à son mari et le devoir de soigner sa mère qui était mourante, sa position, que son courage parvenait à dissimuler, attendrissait. « Je ne reverrai plus Napoléon, me » disait-elle en pleurant; j'en ai la conviction.— » Partout où nous irons tu viendras nous rejoin- » dre, quand ta mère sera mieux, lui disais-je. » Ne t'inquiète de rien. Si tu n'as aucunes nou- » velles de nous, c'est qu'elles seront bonnes, et » je suis sûre de les sauver ! » Hélas ! je croyais en partant quitter tous les tourments, et c'était pour me retrouver au milieu des plus affreuses douleurs.

Mon plan était d'aller me placer à Foligno et d'attendre là les événements. Les Autrichiens devaient entrer sur le territoire papal le jour même de mon départ. Il ne fallait pas me presser, et, comme Foligno se trouvait dans l'embranchement des deux routes du Furlo et d'Ancône, j'étais à temps pour savoir par où se ferait la retraite et me porter de ce côté.

Toujours livrée depuis ma naissance à de grands événements, j'ai pris l'habitude d'en mesurer d'avance toutes les chances par mon imagination. Rarement, lorsqu'ils arrivent, ils me surprennent. J'ai toujours prévu tout ce qu'ils peuvent avoir de pénible ou de dangereux. Le bonheur seul, auquel je ne pense pas, me trouverait peut-être sans courage. Mais je n'en connais pas les émotions.

Tout en roulant dans cette voiture, je pensais à la déroute que je prévoyais. Comment allais-je retrouver mes enfants ? blessés peut-être ! « Ah ! » je me résigne à en avoir un blessé ; je le cou-» cherai dans cette voiture, je pourrai encore le » soigner, et je bénirai Dieu ! » Mais lorsque ma pensée allait plus loin, un froid mortel me saisissait, mes idées devenaient confuses, et je sentais que j'allais perdre l'usage de mes facultés et de mon courage.

Ce fut dans ces tristes dispositions que j'entrai sur le territoire insurgé. Quel contraste avec mes impressions ! Tout respirait l'allégresse. La population entière, ornée de cocardes et de rubans tricolores, semblait jouir pour la première fois du beau soleil qui l'éclairait. La joie répandue sur tous les visages montrait l'image du bonheur et de la sécurité. N'ayant fait de mal à personne, ce peuple trop confiant n'en redoutait aucun pour lui. Le mot de liberté l'enivrait comme l'opium, qui, dit-on, anéantit toutes nos facultés, hors celle de jouir de son ivresse.

Quel peuple renferme en lui-même autant de moyens d'être heureux que les Italiens! Leur amour pour les arts, leur enthousiasme pour le beau, leur ciel toujours serein qui semble alléger l'existence, leur vive imagination qui erre constamment sur tout ce qui charme la vie, et sait se fixer sur tout ce qui élève et ennoblit la pensée, voilà déjà bien des éléments de bonheur. Puissent de plus parfaites institutions leur assurer encore des bienfaits plus réels !

J'arrivai à Pérouse. La ville entière avait une apparence de fête. M. *** vint me voir. Il m'importait de prendre des renseignements positifs sur les localités, sur les chemins de traverse praticables, sur les chevaux à trouver lors de mon retour de ce côté.

Je ne lui cachai pas mes inquiétudes sur les événements qui allaient avoir lieu. Sa sécurité était complète ainsi que sa noble résignation. « Mon père, à la première révolution, perdit la » vie, me dit-il ; il fut sacrifié malgré les pro- » messes de clémence. Je me suis voué aux » mêmes chances, j'en supporterai avec courage » le même résultat. » Il m'amena le comte Pepoli qui venait chercher à Pérouse des munitions dont on manquait à la petite armée du général Sercognani : nous causâmes toute la soirée. Ils s'appuyaient, pour fonder leurs espérances, sur les journaux français qui assuraient que la non-intervention serait respectée. Et lorsqu'il était question de se défendre, ils montraient leur défaut de moyens et l'impossibilité de le faire. Il n'y avait ni armes, ni canons. Et que pouvait entreprendre une jeunesse intrépide, il est vraie, remplie d'ardeur, mais contre une armée considérable, forte d'artillerie, instruite et disciplinée ? « Pensez donc, après avoir fait votre devoir, à la » retraite, leur disais-je, et du côté de la Corse, » car de la France seule vous pourriez espérer » un appui. C'est par là qu'il faut vous mettre » en communication avec elle. » Mon conseil leur fut profitable plus tard.

Aussitôt après mon arrivée à Foligno, le général Sercognani s'empressa de venir me voir. Il me conta sa détresse, le courage de ces jeunes volontaires qu'il était forcé de réprimer, n'ayant pas de quoi faire le siége de la plus petite place forte. « Si l'on faisait une sortie, me disait-il, la » valeur de mes jeunes gens s'emparerait à l'in» stant des canons; mais l'ennemi ne s'aventure » pas, »

Il me fit son plan de campagne comme si j'eusse été un général, et j'avoue que je n'y entendais rien. Où sa gauche et sa droite étaient appuyées m'était fort égal; je ne voyais que la défaite, et je n'étais occupée que des moyens de les soustraire tous à l'affreuse position que je prévoyais, puisque aucune précaution n'avait été prise. Aussi je lui disais : « Comment ne pensez-vous
» pas à vous mettre en communication avec la
» mer Méditerranée? La retraite, pour défendre
» avec honneur et pied à pied vos pays insurgés,
» doit venir s'appuyer de ce côté. Les Français,
» au moins, s'ils ne vous soutiennent pas, peu-
» vent vous envoyer des bâtiments pour vous
» sauver. S'ils vous soutiennent, ils doivent savoir
» où vous trouver. Si vous aviez eu Civita-Vec-
» chia, vous pourriez communiquer facilement
» avec la Corse. Pourquoi n'avez-vous pas écrit
» au général qui commande dans cette île? Voilà,
» il me semble, où devaient tendre vos mouve-
» ments. »

Il approuvait mon plan de campagne, à moi;

mais il n'avait pas un seul obusier pour effrayer assez une ville papale, et lui faire ouvrir ses portes. Le peu de munitions qu'on possédait avait été gardé pour Ancône, forteresse démantelée qui ne pouvait pas se défendre. Il envoya un courrier au général Armandi, ministre de la guerre, pour lui faire la demande de ces obusiers si nécessaires. J'écrivis aussi à mes enfants pour leur communiquer toutes mes craintes pour leur cause, et leur dire que j'étais là à en attendre le résultat; quel qu'il fût, je désirais savoir la route que prendrait la retraite.

Ces pauvres jeunes gens, qui dévouaient leur existence pour être utiles, qui sentaient que pour être vaincus avec honneur il fallait se défendre avec persévérance, enchaînés à la nullité par des considérations particulières, voyaient l'autorité, sans énergie, tout perdre en voulant tout ménager. S'ils se portaient en avant pour combattre, leur nom, ce nom si beau et si terrible aux ennemis, était un obstacle. Ils étaient retenus. Ils compromettaient la non-intervention. On osait déchirer le brevet d'un simple grade accordé pour leur donner rang dans l'armée. Il ne fallait pas qu'on les soupçonnât là ; que l'ennemi qui entrait enfin, les aperçût : ses coups en deviendraient plus forts sans doute. Et l'espoir de temporiser, de tout concilier, était la seule ressource de ceux qui avaient osé accepter de se mettre à la tête d'une révolution. Malheur à qui provoque aux révolutions, mais malheur aussi à qui ose s'en emparer sans savoir les soutenir.

Pour moi, établie dans cette mauvaise auberge de Foligno, dans la même chambre que mes enfants avaient occupée quelque temps avant, et où ils se livraient sans doute aux rêves flatteurs de leur jeune imagination, j'étais comme un condamné qui attend sa sentence. Chaque mouvement, chaque bruit m'attirait à la fenêtre. La nuit, les « qui vive » si souvent répétés par les bourgeois qui gardaient les portes de la ville, ou les courriers du général Sercognani qui m'instruisait de sa position, me réveillaient à chaque instant.

Le jour, je faisais à pied, seule avec ma dame, des promenades autour des remparts. Je m'asseyais des heures entières sur un banc. Le temps était magnifique. Ce contraste du calme de la nature et de l'agitation des craintes les plus cruelles, cause une impression difficile à exprimer. Dans toutes mes courses je m'arrêtais toujours dans une église. Avec quel sentiment je demandais à Dieu la vie de mes enfants! Il y a dans ces grands édifices destinés à la prière quelque chose de calme aussi, et qui contraste moins avec nos impressions que l'aspect d'une belle nature. On se sent plus à l'aise avec sa douleur; elle ne retombe pas sur le cœur pour nous étouffer, comme lorsque l'image du bonheur nous environne.

Je reçus un jour la visite du comte Campello de Spoleto. Mes enfants avaient logé chez lui. Il me parla d'eux en détail et avec un enthousiasme qui aurait pu flatter une mère, s'il ne m'avait appris les dangers qu'ils avaient déjà courus. Mon fils Napoléon s'était porté avec deux cents hommes contre une troupe de brigands armés sortis des bagnes, et qui, mêlés à quelques militaires, venaient au nom du pape pour reprendre les villes de Terni et de Spoleto.

Dans les bois on se battit corps à corps. Mon fils Napoléon, au milieu des balles, des piques, se défendait comme un lion. Au moment où il terrassait un brigand qui allait le tuer, en lui tirant à bout portant un coup de carabine, et qu'il lui faisait grâce de la vie, un dragon vint percer le brigand d'un coup de sabre.

Le comte me faisait la description de l'entrée de mon fils à Terni, ramenant ses prisonniers, et inspirant par sa beauté remarquable et le service qu'il venait de rendre, une admiration générale.
« Eh bien, il était, disait-il, désolé que ce dragon eût ôté la vie à celui auquel il venait de l'accorder. »

Mon fils Louis, de son côté, était près de Civita-Castellana ; il en disposait l'assaut et se croyait sûr de réussir, puisque tous les moyens de défense n'avaient pas encore été pris.

Chose assez singulière, et que j'aie sue depuis : un officier du génie resté fidèle au pape, et qui, à Rome, avait donné des leçons à mon fils, le voyant de loin prendre des dispositions hostiles habilement calculées, disait avec une sorte de fierté : « Voyez ce jeune homme comme il s'en-
» tend bien à tout cela ; c'est pourtant moi
» qui ai été son maître. ».

Les ordres de Bologne et l'arrivée du général Sercognani forcèrent mes enfants à quitter ces lieux. Le général m'avait dit pendant sa visite qu'il tremblait de voir des jeunes gens aussi précieux s'exposer autant, et que c'était la première raison qui l'avait déterminé à faire valoir ses droits, en prenant le commandement qu'on lui confiait.

Tous ces détails ne me rassuraient pas. Cependant ce brigand qui avait tiré à Napoléon un coup à bout portant et dont le fusil n'avait point fait feu, me prouvait qu'il avait échappé à un bien grand danger. J'aimais à croire qu'il y avait là de la destinée, et que la Providence me le conserverait.

V

Le 17 mars, j'étais encore plus agitée qu'à l'ordinaire; je marchais dans ma chambre, ne sachant où reposer mon imagination. Mes yeux se portaient machinalement sur ces murs sales et enfumés qui m'entouraient. Tous étaient remplis d'inscriptions, de dates, que des gens oisifs se plaisent à écrire dans les auberges pour laisser un souvenir à retrouver, sans doute, de leur passage et de leurs impressions. Tout à coup l'idée me vint que j'étais dans ce mois si fécond pour nous en événements remarquables, ce mois à jamais célèbre par la rentrée triomphale de l'île d'Elbe. Je me rappelai encore cette époque si brillante de la gloire française et impériale, ce 20 mars qui comblait tous les vœux d'une nation par la naissance d'un fils si désiré, gage d'un avenir de paix et de bonheur. Je n'avais pas rêvé cette joie qui enivrait tous les Français et qui retentit dans toute l'Europe. Je me représentai un moment ces fêtes nombreuses et magnifiques, ces hommages si vivement exprimés, cette grandeur enfin qui nous environnait alors, qui n'aura plus de pareille, et où le sort et le génie d'un grand homme nous avaient tous portés. Je pensai à tout cela! et je me regardai maintenant, seule, et abandonnée, loin de mon pays, parmi des étrangers, au milieu des dangers et des plus affreuses angoisses! Telle est la loi de la destinée, m'écriai-je en baissant la tête; il faut s'y résigner; puis j'ajoutai en reprenant courage : « Ah! tout » peut se supporter, hors la perte de ceux qu'on » aime! » Je pris un crayon, et j'ignore quel sentiment me poussa à écrire sur ce mur déjà couvert de tant de signatures, ces mots : « Qui » m'eût dit, il y a vingt ans, que je serais ici » aujourd'hui, et dans quelle position ! » Je mis la date, l'heure. Quelle date et quelle heure ! à cet instant je perdais un fils.

Le courrier que j'avais envoyé à mes enfants les avait trouvés à Forli. Bologne était déjà abandonnée par l'armée, qui voulait éviter d'être tournée par la route de Ravenne.

Pourtant ils me rassuraient sur l'entrée des Autrichiens et ne me parlaient pas de leur santé. Le courrier me dit qu'il les avait vus tous les deux, qu'ils étaient bien, seulement que mon fils Napoléon toussait beaucoup. En même temps, on m'apprit que la rougeole était dans le pays où ils se trouvaient. Facile à m'inquiéter, je pris le parti de me rapprocher de mes enfants et d'aller à Ancône, puisque les Autrichiens m'en donnaient le temps. Je ne pouvais plus tenir à Foligno, l'esprit constamment tendu vers les événements que je redoutais : il fallait me trouver près d'eux, partager même leurs dangers, s'il le fallait, pour me calmer.

Ravenne, Forli, me revenaient sans cesse dans la pensée. Je craignais là une bataille ou un malheur pour moi. Je me rappelais qu'en lisant l'histoire de France, la mort de Gaston de Foix m'avait vivement émue. Fort jeune (l'imagination active a besoin de répandre de l'intérêt sur tout ce qui l'occupe), je lui prêtais toutes les perfections, et je m'attendrissais sur cette fin si glorieuse et si malheureuse; sur cette vie à peine commencée, et terminée, quand elle promettait tant d'avenir.

Madame de Genlis, à qui je fis part un jour de ma prédilection de jeunesse, m'envoya une complainte faite sur la mort de Gaston de Foix. Elle me priait de la mettre en musique. Je lui fis répondre qu'il m'était impossible de chanter la mort, surtout celle d'un prince qui avait tant de ressemblance avec mon frère, puisqu'il était, comme Eugène, vice-roi d'Italie, et que je lui avais porté de l'affection.

Comme les Autrichiens entraient par Ravenne, j'avais une frayeur extrême de voir mes enfants s'exposer là. J'allais jusqu'à m'inquiéter de mon ancien intérêt, comme le pressentiment d'un malheur qui devait m'y arriver.

L'imagination est de nos facultés la plus complète. Heureux celui qui ne s'en sert que pour prévoir le bonheur ; elle double la félicité, parce qu'elle la devance ; mais aussi la douleur !... on la sent deux fois. Et pourtant, dans celle qui peut atteindre une mère, l'imagination est encore au-dessous de la réalité.

J'étais en route pour Ancône, troublée, agitée, le cœur rempli de funestes présages, lorsqu'à la première poste après Foligno, une calèche s'arrête près de ma voiture. Un homme que je ne connais pas en sort. Je ne sais pourquoi je tremble. Il vient de la part de mes enfants. « Le » prince Napoléon est malade, me dit-il. — Il a » la rougeole, m'écriai-je. — Oui, il vous de-» mande. » A ces mots : *Il vous demande*, je m'écrie avec effroi : « Il est donc bien mal ! »

A l'instant je retourne sur mes pas. La route la plus courte doit me conduire près de mon fils. Je n'ai plus qu'une idée; voler près de lui, le soigner s'il en est temps encore, hélas! et je me sens saisie d'un anéantissement profond. Le coup a déjà été au-dessus de mes forces. J'ai beau me dire : « J'ai été trop malheureuse, non, cela n'est pas possible ! Le ciel est juste; ce serait trop ! Ah! non, il ne mourra pas! il me sera rendu, et pourtant je demeure sans force et sans courage. »

Ce messager envoyé de Forli, la figure de tous ceux qui m'entourent, m'annoncent un affreux malheur! je n'ose interroger! L'incertitude est encore un bienfait. Cependant j'entends à chaque poste ces mots affreux sans cesse répétés par le peuple qui entoure ma voiture : « Napoléon mort! Napoléon mort! » Je l'entends et je n'y crois pas...

J'étais morte aussi, sans doute, car je ne sentais rien, je ne demandais rien. J'ignore où l'on me mène pendant un jour et une nuit, et tout semble m'être indifférent.

J'arrive pourtant à Pesaro, dans le palais de mon neveu. On me porte inanimée sur un lit, et c'est là que mon malheureux fils Louis vient se précipiter dans mes bras, fondant en larmes, et m'apprend qu'il est désormais seul dans ce monde, qu'il a perdu son frère, son meilleur ami, et que sans moi il serait mort aussi de douleur sur ce corps qu'il ne voulait pas quitter.

Je ne puis peindre ces moments déchirants ! ma main tremble, et j'ai de la peine à continuer !...

Ah ! le désespoir d'une mère est éternel ! rien ne le calme, rien ne le diminue. L'unique consolation d'une mère est dans l'espoir du peu de durée de son existence !

Mais dans ce moment affreux je me souviens que l'état dans lequel j'aperçus le fils qui me restait, me força seul à rappeler mon courage. Il fallait le sauver, lui qui perdait le tendre compagnon de sa vie, lui qui voulait mourir aussi !

J'ignore encore où j'ai pu trouver la force qui m'a été nécessaire; mais enfin je l'ai eue.

Le jour même de mon arrivée à Pesaro, on

vint me dire que les Autrichiens avançaient, que la retraite se faisait sur Ancône, et que les autorités de Bologne étaient déjà passées pour s'y rendre.

Le croirait-on, dans ce malheur si grand qui m'accablait, il fallait encore convenir qu'il pouvait être plus épouvantable. Il fallait presque se féliciter que cette maladie si aiguë, que cette inflammation de poitrine eût emporté mon pauvre enfant si subitement! Sans cela il eût fallu, pour le sauver des Autrichiens, le mettre mourant en voiture, et qu'il éprouvât au milieu des angoisses de la mort l'impuissance d'agir, et la crainte de la défaite et de l'esclavage !

Son frère, qui ne l'eût pas quitté, eût été pris sans doute avec ce corps inanimé.

Voilà le comble du malheur dont j'étais menacée, si les Autrichiens fussent entrés deux jours plus tôt, comme ils l'avaient annoncé dans leurs notifications diplomatiques. Au lieu de cela, mon pauvre enfant avait pu encore rêver, en mourant, la réussite de la cause qu'il avait embrassée.

La ville entière de Forli s'était portée à son enterrement. Elle eut le temps de montrer ses regrets et de le conduire dans une chapelle, où il fut déposé en attendant que son père l'envoyât chercher. Le lendemain, elle était au pouvoir de l'ennemi.

On pense bien que mon malheur était si complet, que je ne pouvais en imaginer un plus grand.

Mes forces étaient épuisées : dans l'état où j'étais on ne pouvait penser à me mettre en voiture, et pourtant il fallait fuir. Le préfet de Pesaro demanda à me parler. « Les Autrichiens avancent, me dit-il, et, de plus, on aperçoit des voiles dans l'Adriatique, qui peuvent débarquer des troupes sur la côte de Sinigaglia. » Alors il n'y avait plus pour moi de retraite possible, et j'avais encore un fils à sauver! Électrisée par cette idée, le courage renaît; je fais demander des chevaux, et je me fais porter à l'heure même en voiture. J'arrive la nuit à Fano et le lendemain à Ancône.

Le palais que j'habitais, et qui appartenait à mon neveu, est placé au bord de la mer. La

7.

vague s'élève souvent jusqu'à la chambre où j'étais. Je pouvais voir de là tout le port, et y compter le peu de mauvais bâtiments qui se trouvaient à la disposition des malheureux qui allaient avoir besoin de fuir. Je sentais quels périls courraient ceux qui s'exposeraient sur de si frêles embarcations. Comment, d'ailleurs, espérer éviter les bâtiments autrichiens? Eh bien, j'allais peut-être me voir obligée d'affronter ces dangers; car, le gouvernement n'ayant pris aucune précaution contre l'entrée des Autrichiens, la défense en était impossible ; et par la route du Furlo, si je tardais davantage, ils pouvaient arriver avant moi à Foligno. Je devais d'autant plus craindre de les rencontrer, que mon fils, le général Zucchi et les Modénais, étaient les seuls exceptés d'une amnistie qu'on proclamait en entrant sur le territoire papal.

Les étrangers qui avaient pris parti dans l'insurrection devaient être saisis et traités selon la rigueur des lois.

Je laisse à penser quelle était mon anxiété, et

quelle pénible incertitude venait faire diversion à ma douleur. Il n'y avait donc pas à balancer; un jour, un instant de retard pouvait être fatal. Je devais surmonter ma faiblesse et entreprendre ce voyage, que j'avais imaginé avec tant de courage pour sauver mes deux enfants, hélas! ce voyage que je ne devais pas abandonner, puisqu'il me restait encore un enfant. Mon passe-port comprenait deux jeunes gens. Pour n'inspirer aucun soupçon, il fallait trouver quelqu'un qui pût passer pour mon second fils.

Le jeune marquis Zappi était compromis plus que tout autre. Marié nouvellement à la fille du prince Poniatowski, il avait été choisi pour porter à Paris des dépêches du gouvernement de Bologne. Il espérait encore des secours de la France, et il ne savait pas par quel moyen y arriver. Je le fis appeler, et je lui dis : « Si vous avez con- » fiance en moi, je vous mettrai bientôt à même » de remplir votre mission. » Il consentit à se laisser conduire sans même connaître mes projets, car je les gardais pour moi seule, et je passai la journée à faire toutes mes dispositions pour le lendemain. Il ne fallait oublier ni les livrées qui devaient en imposer sur la route, ni les plus puérils détails propres à un déguisement ; et, comme mes dispositions étaient prises depuis longtemps, il n'y avait que ma faiblesse extrême qui pouvait être un obstacle, car j'avais de la peine à me tenir debout. Mais on arrangeait un lit dans ma calèche ; et d'ailleurs je ne pensais pas à moi. Sauver mon fils était devenu ma seule occupation ; je pouvais mourir après.

Pour lui, triste, abattu, il me cachait sa douleur, et se laissait mener comme un enfant, pour me faire revivre sans doute par les soins qu'il me forçait à prendre. Pourtant il paraissait malade et ne se plaignait pas. Je m'en aperçus. Je fis appeler un médecin qui déclara qu'il avait une fièvre très-forte. Il fallut qu'il se couchât. On espérait qu'en restant un jour de plus il pourrait partir le lendemain. C'était encore une nouvelle inquiétude. Mais qu'on juge du coup affreux qui vint me frapper, quand, ce lendemain arrivé, au lieu de pouvoir m'empresser de fuir comme il le fallait, la clarté du jour me montra le visage de mon fils couvert d'une éruption. Il avait la rougeole !

C'est alors que j'appelai à mon aide toute la présence d'esprit et le courage que j'ai jamais pu déployer dans ma vie. A la minute je fais venir le médecin pour me confier à lui. J'envoie chercher le passe-port de mon fils, signé pour Corfou par toutes les autorités. Je fais retenir sa place sur un mauvais bâtiment, le seul prêt à partir, et je fais répandre le bruit que c'est moi qui suis très-malade. Je fais placer le lit de mon fils dans le cabinet près de ma chambre, et là, tombant à genoux, la tête dans mes mains, je remets à la Providence le soin du sort qui nous est réservé.

Mes domestiques exécutent tout ce que j'ai commandé. Ils vont et reviennent au bâtiment, et trompent les curieux sur ce faux embarquement. Sans la promptitude de ces dispositions, tout était découvert ; le lendemain il n'était plus temps. Le soir, ce faible esquif met à la voile, et personne ne doute qu'il n'emporte mon fils.

Pour lui, le voilà obligé de rester à la merci de ses ennemis. La plus petite indiscrétion peut le perdre, tout est à redouter, et, pour surcroît de trouble, arrive un courrier que m'envoie mon pauvre mari. Lui-même, au désespoir, il croit que j'ai pu m'abandonner au mien. Il m'écrit : « Sau- » vez le fils qui nous reste, il faut qu'il s'em- » barque. » Et il veut savoir toutes les disposi- tions que j'ai prises. Je ne puis confier à qui que ce soit le secret d'où dépend sa sûreté. Une lettre peut être lue, le courrier arrêté. Je fais rassurer un père sur le tendre intérêt qui l'oc- cupe ; je garde pour moi seule les inquiétudes, et je dicte une lettre qui raconte ce que tout le monde croit, que mon fils est embarqué pour Corfou. Je fais ajouter qu'il a un passe-port sous un autre nom, qu'il est bien portant, que je n'ai aucune inquiétude sur lui, et que je le rejoindrai quand ma santé me le permettra.

Cette nuit même la mer est affreuse, les vagues viennent battre jusque sur ma croisée, et j'en suis à trouver plus consolant de voir mon fils dans son lit, souffrant de la fièvre, que de le savoir sur cette mer orageuse qui m'aurait causé tant d'effroi s'il eût fallu qu'il l'affrontât.

Pourtant ce vent effroyable a sauvé la barque qui s'est confiée à lui ; il l'a menée droit à Corfou. Les Autrichiens n'ont pu l'atteindre.

Au milieu de tous ces nouveaux tourments, le général Armandi était venu me voir. « La non-
» intervention nous a perdus, m'avait-il dit ; nous
» nous sommes toujours abusés de l'espoir que
» la France la soutiendrait. A présent, il faut y
» renoncer. Les États du pape ne présentent
» aucune force militaire, aucun matériel. Il faut
» céder, et sauver au moins cette jeunesse inté-
» ressante qui s'est compromise et qui irait de
» nouveau remplir les forteresses. »

On avait, m'a-t-il dit, rendu à la liberté, par la révolution, près de vingt mille individus. Si le général Armandi ne me l'avait assuré, j'aurais eu peine à le croire. Il fallait donc tout craindre du retour de la puissance papale. C'est pourquoi le général, comme il me l'expliqua, s'entendit avec le cardinal Benvenuti, qui, placé quelque temps avant en surveillance à Ancône pour être soustrait à l'animosité du peuple, retrouva sa liberté et reprit les rênes du gouvernement moyennant les passe-ports qu'il délivra à tous ceux qui voulurent passer en France.

La jeunesse cria à la trahison. Elle voulait toujours livrer bataille, et on lui ôtait ainsi tous les moyens de se faire tuer. On ne peut l'accuser d'avoir manqué de bravoure, car sans munitions, sans aucun moyen de défense, elle combattit avec courage à Rimini contre les Autrichiens si supérieurs en nombre, si habitués à l'Italie, et dont le triomphe devait être certain.

Nous vîmes arriver tous les débris de cette petite armée. Ils venaient se réfugier à Ancône avec l'espoir de résister encore. Aux portes ils apprirent que la ville était rendue à l'autorité papale. Je leur dois la justice de dire que l'impuissance où on les mit de combattre leur fut encore plus sensible que la perte de leurs espérances. Mon fils malade, qui venait de tant perdre, de tant sacrifier à cette liberté italienne, s'y intéressait d'autant plus, et je l'entendais gémir d'une issue aussi malheureuse, et de l'impuissance où il se trouvait de servir cette liberté.

C'est alors que je vis toutes les douleurs qui accompagnent une défaite. Cette jeunesse intéressante n'avait de choix qu'entre les fers ou la fuite ; on venait de lui interdire le combat et la mort ! Les portes de la ville s'ouvrirent un moment pour recevoir les fugitifs; ils n'avaient que le temps de prendre un passe-port et de s'embarquer. Les ordres de Rome pouvaient révoquer un tel bienfait, accordé sans sa participation. Ils se trouvaient donc placés entre deux pouvoirs ennemis, car les Autrichiens devaient être maîtres d'Ancône sous deux jours. Les envoyés du légat, qui leur annonçaient la soumission de la ville et qui les priaient de ne pas avancer, n'avaient été nullement accueillis. Il fallait s'apprêter à recevoir la loi du vainqueur.

Deux bâtiments restaient dans le port et devenaient la seule ressource de tous ces malheureux.

Le croirait-on? le prix des places s'éleva en raison du besoin que tant d'infortunés en avaient, et il devint impossible à cette jeunesse, qui avait abandonné pour la liberté, fortune, famille et tous les plaisirs de la vie; il devint impossible à la plupart d'entre eux de payer leur passage. Beaucoup s'adressèrent à moi, et je fus assez heureuse pour pouvoir leur être utile.

VI

Le hasard avait fait que, possédant une petite ferme dans les Marches, j'avais désiré l'augmenter. A cet effet, sans me douter de ces tristes événements, j'avais vendu des rentes et envoyé de l'argent chez le receveur de mon neveu. Il logeait dans le palais que j'habitais. Il avait pu payer tout ce dont les enfants avaient eu besoin, et à présent je pouvais aider tant de malheureux. Je donnai tout ce que j'avais, ne réservant que ce qu'il me fallait pour mon voyage.

Je dois dire ici que, dans mon malheur, j'ai reçu des offres de services et des preuves de dévouement que je ne puis oublier. Mme *** venait quelquefois chez moi à Rome ; je la connaissais peu, mais mon malheur la toucha au point qu'il n'est sorte de services qu'elle n'eût voulu me rendre : toute sa fortune fut à ma disposition. M. de Bressieux m'écrivit aussi que si j'avais besoin de lui, quoiqu'il vînt de se marier, il se mettait à mes ordres. Je n'ai pu que longtemps après répondre à tant d'empressement et de dévouement, mais j'en ai toujours conservé une tendre reconnaissance.

Pour donner une idée de toutes les infortunes qui m'environnaient, je ne citerai que ces malheureux Modénais, qui, avec une bravoure digne d'un meilleur sort, avaient soutenu un siége dans une maison contre une troupe du duc de Modène, et, délivrés par le peuple, avaient fini par triompher. Humains dans la victoire, ils avaient ménagé leurs ennemis et protégé la vie du duc ; maintenant sans ressources, sans amnistie pour eux, l'échafaud les attendait. Trop nombreux et trop pauvres pour s'embarquer, ils entreprirent de partir à pied et d'aller gagner Livourne par les montagnes. Avec de l'argent que je leur fis donner, ils s'arrangèrent pour qu'une piastre par homme pût leur suffire jusqu'à leur destination.

Tant de misères me perçaient le cœur ; il y avait de l'écho dans mon âme pour toute infortune, et j'aimais à vaincre ma faiblesse, afin de mieux soulager tant de souffrances. Deux frères pleuraient de se séparer, ils n'avaient que les moyens de payer une place sur le bâtiment qui allait mettre à la voile. Je l'appris et j'envoyai par M. Zappi la somme nécessaire pour les réunir. Il est si doux d'être utile ! Ah ! ce n'est pas la douleur qui dessèche le cœur ! J'étais au comble du malheur, et j'avais encore la faculté de sentir celui des autres.

Je voyais de ma fenêtre ce bâtiment qui allait

emporter le reste de cette valeureuse jeunesse, imprudente sans doute, car elle n'avait pas assez calculé ses moyens ; mais la prudence est si égoïste. Ne reprochons pas à la jeunesse les défauts qui rehaussent ses brillantes qualités ; c'est encore dans ces âmes désintéressées qu'on peut trouver ce qui ennoblit l'homme.

Zucchi, ancien général distingué de l'armée de mon frère, s'était jeté dans la révolution. Malgré tous ses efforts et la confiance entière qu'on lui portait, car on voulait lui donner la dictature, il resta à combattre près de Modène, n'ayant pas eu le temps de former un régiment à Bologne. Il venait encore à Rimini de protéger la retraite, et se portait à Ancône pour la défendre, lorsqu'il fut obligé de se résigner au sort commun. Il n'y avait aucune amnistie pour sa personne ; l'animosité des Autrichiens contre lui était connue. Il s'embarqua sur ce frêle bâtiment qui restait le dernier dans le port. La mer était immobile, aucun vent ne soufflait, et il fallait s'éloigner de la côte. L'armée ennemie s'avançait. Enfin, bien lentement, je les vis disparaître tous, et je respirai ; j'oubliai les flottilles autrichiennes que je croyais plus faciles à éviter que ne l'était l'armée qui s'approchait, et je les crus sauvés.

Me voilà donc restée seule au milieu des dangers. Ma faiblesse avait disparu. Une tension nerveuse me donnait une force factice, il est vrai, mais incroyable. Mon pouls était convulsif, et j'avais l'air calme. Toujours auprès du lit de mon fils ; placée entre la crainte de le voir attaqué d'une maladie qui exigeait tant de soins, et la crainte peut-être plus grande encore qu'il ne tombât au pouvoir des Autrichiens, car les ordres étaient formels, il était exclu de toute amnistie; placée entre ces deux tourments, j'avais trouvé la force de les envisager de sang froid.

L'avant-garde entra. Le palais que j'habitais, le plus beau d'Ancône, fut désigné pour la demeure du général en chef et de son état-major. Je m'y attendais. Je ne m'étais réservé que peu de chambres. J'avais livré tous les salons pour en faire l'appartement du général. De cette manière j'étais entièrement entourée d'Autrichiens. Une double porte fermée de mon côté me séparait du général en chef, dont j'aurais pu entendre les conversations, tant nous étions rapprochés, et de l'autre côté les soldats demeuraient dans mon antichambre avec mes domestiques.

Le commandant de l'avant-garde, qui était venu faire les logements, avait voulu exiger tout l'appartement. La femme du receveur de mon neveu, seule dans ma confidence, lui avait résisté, et avait fini par me nommer. A l'instant il se radoucit, s'informa de mes nouvelles avec intérêt. Le hasard faisait que c'était le même homme qui, en 1815, lorsque mes enfants et moi courûmes des dangers à Dijon, me fut envoyé par le général autrichien pour me servir de sauvegarde contre les fureurs d'un parti. Hélas ! je me rappelais ma douleur alors, d'avoir eu à redouter des Français, et de voir les ennemis de mon pays devenus mes protecteurs contre des compatriotes.

Dans ce moment je retrouvais, dans le colonel

autrichien, cette bienveillance qu'on accorde toujours à ceux qu'on a obligés une fois. Quand on fut bien persuadé que mon fils était parti depuis deux jours, que j'étais seule, malade et malheureuse, il n'est sorte d'égards qu'on n'eût pour moi. Le général en chef demanda à me voir; je lui fis dire que je le recevrais aussitôt que ma santé me le permettrait.

Cependant la maladie de mon fils suivait son cours. Ma surveillance n'en devenait que plus active. La moindre chose pouvait nous trahir. S'il toussait j'étais obligée de lui fermer la bouche. Je l'empêchais de parler, une voix d'homme était si facile à entendre par tout ce qui nous entourait. Le croira-t-on? je fais tant de cas de la bonne foi, que j'avais presque un remords de tromper ceux qui se fiaient à moi. On pensera facilement que ce remords n'allait pas jusqu'à leur confier ce que j'avais tant d'intérêt à leur cacher, mais j'aurais été plus satisfaite de les trouver moins bien pour moi.

Le premier mot des Autrichiens en arrivant

avait été de s'informer du général Zucchi. On le cherchait partout. Son malheur ne fut que trop certain. Le bâtiment, parti avec si peu de vent, fut pris et ramené par les frégates autrichiennes.

On alla reconnaître les prisonniers. Zucchi, quoiqu'il eût pris un autre nom, se livra lui même, espérant sauver ses compagnons d'infortune. Il se conduisit avec fermeté et courage.

Je ne connaissais Zucchi que de réputation ; mais je ne pus que gémir de le voir emmené prisonnier à Venise, ainsi que tous les autres Italiens, malgré l'amnistie publiée.

J'étais vivement occupée aussi de l'inquiétude affreuse de mon mari au moment où il apprendrait qu'un bâtiment d'Ancône était pris : il devait y supposer son fils, et il savait les dangers qu'il pouvait courir. Le ministre d'Autriche à Florence ne les lui avait pas cachés. Je ne trouvai d'autre moyen pour le rassurer que de lui faire écrire un mot de la main de son fils, daté de Corfou, par lequel il lui annonçait son arrivée, et le priait de n'avoir aucune inquiétude sur lui, en ajoutant qu'il ne lui écrirait plus que d'Angleterre.

S'il est permis de tromper, c'est bien dans ce cas. J'ai sans doute, selon mon intention, réussi à rassurer un père malheureux; mais plus tard on ne me pardonna pas d'avoir usé de détours. Toute la famille de mon mari se réunit pour me blâmer d'avoir engagé un fils à tromper, pour un moment, son père. C'est ainsi que cela s'est appelé. Mais je ne m'en repens pas; j'ai suivi, comme toujours, l'impulsion de mon cœur, et je ferais encore la même chose. J'accepte tous les tourments pour moi; je sais ce qu'ils ont d'affreux, et je me trouve heureuse de les éviter aux autres. Qu'on juge cependant si, dans la position où je me trouvais, je pouvais, sans courir le risque de sacrifier mon fils, dire la vérité par la poste? Et devais-je laisser à un père au désespoir la crainte cruelle de se voir enlever encore le seul fils qui lui restait?

Le médecin déclara, enfin, au bout de huit

jours, que mon fils était en état de se mettre en route. Je reçus alors la visite du lieutenant-général, baron Geppert. Je n'eus qu'à me louer de lui. Il ne vit qu'une mère malheureuse dont il était loin d'imaginer encore toutes les anxiétés. Je lui parlai de mon départ prochain et de mon projet de m'embarquer à Livourne, pour rejoindre mon fils à Malte, et aller avec lui en Angleterre.

J'avais à traverser toutes les troupes autrichiennes ; je fis demander au général un laissez-passer de sa main, en priant de ne pas indiquer de nom. Le jour de Pâques fut fixé pour mon départ. J'exprimai le désir d'aller entendre la messe à Loreto ; pour cela il fallait partir de bonne heure.

On pense bien que je ne dormis pas cette nuit-là. Mes ordres étaient donnés pour sept heures du matin, et à quatre heures, pendant que tout dormait dans le palais, celui de mes domestiques qui devait rester à Ancône, sous prétexte de maladie, donnait son habit à mon fils. Le jeune Zappi, resté caché chez un ami dévoué à sa famille, et qui était venu la veille se réunir à nous, mettait aussi un habit de livrée. Quand tout fut prêt, que les chevaux de poste furent amenés par mon courrier, je traversai mon antichambre en silence au milieu des Autrichiens qui dormaient. La garde seule nous vit partir. Il faisait à peine jour. Je passai aussi les portes de la ville, où mon passeport fut examiné, sans que personne se doutât de mon stratagème.

Mon fils était sur le siége de ma voiture, et le jeune Zappi derrière celle de ma femme de chambre. Arrivés, enfin, sur cette grande route où le soleil commençait à nous éclairer, ma jeune dame se félicitait déjà que nous eussions échappé à ce premier danger, et moi, absorbée toujours dans mes craintes et dans mes réflexions, je n'osais encore me livrer à l'espoir.

Que d'obstacles à surmonter! Connus comme nous l'étions dans tous les pays que nous allions parcourir, devant craindre autant l'imprudence d'un ami que les soupçons d'un ennemi, pou-

8.

vais-je compter arriver à mon but? C'est alors qu'il est doux d'espérer dans la Providence : elle nous aide, nous soutient et double notre courage.

Je m'étais habituée tous les matins à faire à chacun sa leçon, sans mettre personne au fait de mes projets. Le plus difficile était de savoir à quel endroit on aurait suffisamment perdu mes traces, pour que je pusse changer mon passe-port et prendre le passe-port étranger, dans lequel je mettais tout mon espoir. Je n'étais pas un moment sans réfléchir, et peser tous les petits moyens qu'il fallait employer.

J'arrivai ainsi à Loreto. Je me fis descendre à l'église ; mon fils me suivit. Après la perte d'un objet cher, qui n'a pas éprouvé une émotion profonde en entrant dans une église ! C'est là que l'homme est conduit en naissant, c'est là qu'il prend les engagements les plus sacrés, et c'est là que l'on dit pour lui la dernière prière. Le monde l'oublie après ; mais une mère n'oublie rien : tout vient rappeler à son cœur les diverses émotions qui l'ont agitée, et tout accroît ses regrets et sa douleur !

Les chevaux de poste changés, on vint me reprendre, et je continuai ma route. Arrivée à Macerata, une personne reconnut mon fils, mais garda le silence.

A Tolentino, où se trouvaient beaucoup de troupes autrichiennes, le laissez-passer du général nous sauva peut-être, ainsi que la loyauté d'un commandant autrichien. Il n'avait aucune raison pour retarder mon voyage, et lorsqu'un malheureux Italien vint lui dénoncer qu'il reconnaissait mon fils déguisé, il n'eut pour réponse que ces mots : « Qu'il n'était de service là pour arrêter » personne, et que d'ailleurs tous mes passe-ports » étaient fort en règle. »

Morte de fatigue, je ne m'arrêtai pourtant que quelques heures dans un mauvais village au delà des avant-postes autrichiens. Je devais avancer promptement ; trop de dangers nous environnaient !

Que cette route me fut pénible ! Et il fallait

éloigner de tristes souvenirs pour ne s'occuper que du présent. A Foligno, où l'on pouvait si facilement reconnaître mon fils, mon courrier eut ordre de faire placer les chevaux hors de la ville. Je passai aussi à Pérouse, que j'avais vue si gaie, si brillante; maintenant morne, silencieuse, livrée encore à elle-même, mais sans espérance, elle attendait l'ennemi. Les autorités instituées dans le moment de l'insurrection, venaient de profiter de l'amnistie en allant s'embarquer à Livourne pour la Corse.

Je venais de passer pour un moment en pays ami; mais c'était la Toscane qui me devenait redoutable. Mes enfants y étaient si connus! Malgré la bonté du souverain, son gouvernement, placé sous l'influence de l'Autriche, ne devait pas leur pardonner d'avoir trompé sa surveillance pour embrasser une cause ennemie. Il fallait donc passer la nuit cette frontière où nous pouvions être examinés. Je m'arrêtai encore dans un mauvais village, pour n'arriver qu'à deux heures du matin aux confins de la Toscane.

Là, mon courrier vint me dire qu'on ne voulait pas signer mon passe-port; que le commissaire de police envoyé expressément à cet effet de Florence, ayant passé toute la journée à reconnaître les différents passagers, était allé se reposer dans une campagne à une lieue de là, et que personne ne pouvait entrer sans sa permission. Il y avait de quoi me désespérer; car à la dernière poste on avait reconnu mon fils, et chaque mot que le postillon disait au commis de la barrière me causait un effroi extrême.

Après un moment de réflexion, je fis partir mon courrier à cheval pour porter mon passe-port à l'homme de police, et je lui expliquai tout ce qu'il devait dire. En effet, ce fut un contre-temps heureux; car cet homme, apprenant que j'étais là, voulait absolument venir, et répétait : « Vous me jurez que son fils n'est pas avec elle. » J'ai les ordres les plus précis de ne pas le lais- » ser entrer en Toscane. » Mon courrier l'assurait que mon fils était embarqué, que j'allais à Livourne pour le rejoindre à Malte, et que, très-souffrante, je m'arrêterais peut-être quinze jours aux eaux dans les terres voisines. Il lui demandait même des renseignements auxquels celui-ci ne pouvait satisfaire, n'étant dans le pays que de la veille, et n'étant arrivé de Florence que pour la police des individus et pour reconnaître ceux des insurgés auxquels on permettait de traverser le duché, et il répétait que mon fils en était expressément exclu. Mon courrier lui persuada que j'allais coucher à Camoscia, où se trouvait la poste, située à une petite distance du lieu où nous étions. Convaincu par cette explication, et pouvant venir dans quelques heures s'assurer de la vérité du récit qu'on lui faisait, il signa enfin, et je passai.

Effrayée de ce que je venais d'apprendre, je ne doutai pas que cet homme n'arrivât le lendemain de bonne heure à Camoscia; et comme j'avais eu en effet le projet de me reposer là de tant de fatigues, je sentis qu'il fallait y renoncer, et avoir le courage d'aller plus loin.

C'était dans cet endroit que je devais quitter la

grande route, et que ne pouvant plus voyager qu'à petites journées pour rejoindre Sienne, il me fallait louer des chevaux pour deux jours. Qu'on juge de ma désolation lorsqu'on vint me dire qu'il n'y en avait pas!

Me voilà obligée de voir arriver le jour sans trouver le moyen de soustraire mon fils aux regards qui allaient venir le découvrir pour le renvoyer ou le livrer à ses ennemis. Ce fut encore une des crises les plus pénibles à supporter.

L'auberge était remplie de tout ceux qui allaient chercher un refuge en Corse, et nous devions nous cacher à leurs yeux avec autant de soins qu'à d'autres moins bienveillants. Une indiscrétion pouvait tant augmenter mes tourments! Je restai donc dans ma voiture pour attendre, je ne dirai pas avec patience, car jamais le temps ne me parut si long et mon agitation n'a été si grande, tandis que mon fils, faible, encore souffrant, accablé de douleur et rempli d'indifférence sur sa destinée, s'était endormi sur un banc de pierre dans la rue!

Enfin, mes chevaux reposés pendant deux heures, on avait consenti à nous conduire jusqu'à un village où l'on espérait en trouver d'autres appartenant à des paysans.

VII

Le jour paraissait lorsque nous traversâmes cette belle vallée di Chiana. Rien n'entrava notre route, et enfin nous pûmes nous reposer la nuit dans une petite ville voisine des eaux minérales. La nature était à bout : sans cette nuit où l'excès de la fatigue me procura un peu de sommeil, je crois que je serais morte.

Dans cette route peu fréquentée, nous avions changé plusieurs fois de conducteurs; notre trace était perdue; on ignorait qui j'étais.

Mais j'avais encore à traverser Sienne, où je passais tous les ans pour aller à Rome; et là, si j'étais reconnue sous un autre nom, tout était découvert. Il n'y avait pas un moment à perdre. Si l'homme de police annonçait à Florence mon passage, on pouvait envoyer des surveillants sur ma route; mon mari même pouvait m'expédier encore un courrier pour connaître mes projets et me faire part des siens; il fallait donc passer Sienne sans retard, en plein jour, sous mon nom, et profiter de la nuit suivante pour faire encore perdre ma trace dans un autre chemin de traverse, et ne prendre que là mon nouveau passe-port.

La carte du pays, que je consultais à chaque instant m'était, d'un grand secours; mais à Sienne il fallait soustraire mon fils aux regards. Il fut convenu qu'il descendrait avant la ville, qu'il en ferait le tour en dehors, et que je le reprendrais à la sortie. Au moment d'exécuter ce projet, je me rappelai que Sienne était assez escarpée, qu'il pouvait ne pas exister de chemins extérieurs; et la crainte de voir mon fils seul dans la campagne au moment où toute la police était sur pied pour le passage des exilés, et où il pouvait être arrêté, me fit renoncer à ce plan. Je préférai le voir descendre en dedans des portes, au moment où l'on visait mon passe-port, pensant que par la ville il trouverait plus facilement son chemin, et irait m'attendre dans la grande rue qui mène à Florence.

Ce fut heureux qu'il ne vint pas à la poste avec moi; il y avait beaucoup de monde qui nous connaissait, même des voyageurs anglais. Et, pour surcroît d'embarras, personne ne pouvait partir par l'impossibilité d'avoir des chevaux. Le grand-duc allait arriver. Me voilà encore tourmentée par l'idée que mon fils m'attend, qu'il va s'inquiéter de ne pas me voir et peut venir me chercher. Mon courrier, à force d'argent, décide nos conducteurs à nous mener à la poste prochaine. Ils y consentent, mais veulent s'arrêter deux heures pour faire rafraîchir leurs chevaux. Nous ne pouvons pas rester à Sienne, et c'est hors des portes de la ville, dans un mauvais cabaret, qu'ils consentent à nous mener.

Après un temps qui me paraît d'une longueur énorme, nous voilà partis à la recherche de mon fils. La grande rue est dépavée, on nous fait faire un détour, et il semble qu'aucune contrariété ni inquiétude ne nous soient épargnées. Le lieu du rendez-vous se trouve ainsi dépassé, et j'arrive à la porte de la ville sans avoir vu mon fils. Le retard a été long, il est vrai ; mais qu'est-il devenu ? est-il perdu dans la ville, est-il arrêté ? Ce moment fut si déchirant que je ne puis encore y penser sans émotion. Enfin, je le vois paraître ; il s'élance derrière ma voiture, et nous atteignons ce mauvais cabaret.

Obligée de rester deux heures devant la porte, j'avais une extrême frayeur de voir passer le grand-duc. Lui ou quelqu'un de sa suite pouvait reconnaître mon fils et surtout M. Zappi. C'était encore à éviter. J'appelai ce dernier pour bien lui recommander de se cacher quand il apercevrait les voitures ; quelle fut ma surprise lorsque je vis la figure de ce jeune homme toute couverte d'ébullitions ! il avait la rougeole. La chaleur était heureusement très-forte, et avait aidé à l'éruption; mais quel danger pour lui, s'il prenait du froid, s'il continuait son voyage ! Je le lui représentai; mais il fut impossible de le décider à rester à Sienne. Je le fis envelopper d'une couverture et placer dans la voiture à côté de ma femme de chambre, et nous partîmes avec ce nouveau surcroît d'inquiétude.

On savait qui j'étais à chaque poste; mais on ne faisait pas attention à mon fils. Quoique les chevaux fussent tous retenus pour le grand-duc, on finissait pourtant par nous en donner. A Poggibonsi, au moment où je quittais la grande route pour prendre le chemin de traverse, j'aperçus la première voiture du grand-duc, et je l'évitai.

Je passai toute la nuit sur cette route qui me conduisait à Pise.

Au point du jour, je pris mes nouvelles dispositions. J'envoyai mon valet de chambre en courrier à Livourne. Il devait dire que j'arriverais bientôt pour m'embarquer, mais que je resterais peut-être quelque temps encore dans une villa où j'étais tombée malade ; que ma santé en déciderait ; que j'étais indécise si je n'irais pas m'embarquer à Viareggio. Il devait aller visiter avec bruit toutes les embarcations [1], et, après avoir mis au fait de mes incertitudes, venir me rejoindre à Lucques, où je l'attendrais, et avec l'ordre de ne plus montrer son passe-port comme faisant partie de ma suite.

Pour moi, j'arrivai à cinq heures du matin à Pise, où, pour la première fois, on montra mon passe-port anglais. Le seul domestique qui me restait avait pris une livrée anglaise ; mon fils et M. Zappi avaient quitté la leur, et ma femme de chambre s'était placée sur le siége d'une des voitures.

Le commis de la porte fit la remarque que nous arrivions de bien bonne heure pour avoir quitté

[1] Si j'avais été forcée de m'embarquer à Livourne, il n'y avait alors pour Malte que deux mauvais bâtiments dont il eût fallu se contenter : l'un chargé de sel, l'autre de charbon.

Florence. On lui dit que nous venions d'une villa, et que les chevaux pris pour le grand-duc nous avaient retardés. Nous donnâmes le nom de notre courrier, qui, arrêté par un accident, allait nous suivre et n'avait pas de passe-port. Tout se passa très-bien.

Nous arrivâmes enfin à Lucques, où M. Zappi se coucha et fit appeler un médecin. Sa rougeole était sortie si heureusement qu'il lui fut ordonné seulement de se tenir chaudement. Je promis de m'arrêter autant que je le pourrais, ou, si des raisons m'obligeaient à partir, que ma seconde voiture avec un domestique resterait à sa disposition pour venir me rejoindre.

Je croyais être là bien inconnue, mais l'arrivée de mon courrier donna quelques soupçons. Le maître de l'auberge l'avait vu à Rome, et lui fit des questions; il en reçut le conte que j'étais embarquée pour l'Angleterre, et qu'il allait, à la suite d'une famille anglaise, me rejoindre à Londres. Mais il vint me conjurer de ne pas me montrer, attendu que ce maître d'auberge pouvait si facilement nous reconnaître. Il avait, disait-on, dansé à un bal à Rome avec ma femme de chambre. Nous ne pouvions longtemps l'éviter, et il ne fallait pas prolonger là notre séjour.

Tout à fait tranquillisée sur la maladie de M. Zappi, qui commençait déjà à diminuer, je lui laissai mon domestique et une voiture, et il fut convenu que nous irions l'attendre à une poste plus loin : c'était Pietra-Santa.

Établie là dans une auberge sur la route, tout à fait inconnue, je respirai enfin un instant. Ces bonnes gens chez lesquelles nous étions, sans qu'ils nous connussent, ne parlaient à mes domestiques que de mon malheureux fils. Il y était chéri, chacun d'eux déplorait sa fin prématurée.

Je me rappelai que j'étais bien près de Seravezza, lieu qu'il habitait souvent l'été : de là, j'avais reçu des lettres de lui pleines d'enthousiasme sur le pays, sur les habitants. « C'est un
» lieu privilégié, disait-il, qui réunit à toutes les
» beautés de la nature suisse, tout le charme de
» l'Italie. »

On l'y avait si bien reçu ! il y aimait tant tout le monde ! C'est là qu'il faisait bâtir une petite maison de campagne et une papeterie. C'est là qu'il faisait travailler du marbre, qu'il dessinait tous ces sites ravissants. Enfin, le peu de bonheur qu'il avait pu avoir dans sa trop courte vie, c'est là qu'il l'avait éprouvé.

Un sentiment indéfinissable de tendresse et de douleur m'attachait à ces lieux ; j'aurais voulu y passer ma vie. Tout me le rappelait là, vivant, animé, actif, heureux. Mon fils Louis partageait mes impressions, lui, qui souvent me répétait : « Ah ! ma mère, vous êtes moins malheureuse » que moi; vous ne l'avez pas vu mort, vous » pouvez vous abuser. » Et moi qui gémissais de n'avoir pu le soigner, je donnais pourtant raison à l'excès de son malheur sur le mien, puisqu'il devait vivre encore seul et isolé sans cet ami fidèle, et que moi je n'avais plus qu'à mourir.

Voilà comme notre douleur encore trop amère savait se répandre. Dans ce lieu tout rempli de nos regrets, nous en parlions pour la première fois avec plus de douceur. Nous avions une égale envie de nous rapprocher des endroits qu'il avait tant de fois parcourus avec plaisir.

Soutenue par mon fils, tous deux seuls, par la plus belle soirée du monde, nous nous acheminions sans but déterminé vers cette vallée de Seravezza, lieu trop rempli de mélancolie pour ne pas communiquer à notre âme une émotion moins pénible qu'à l'ordinaire. Ces arbres magnifiques, ces vallées, ces torrents, ces montagnes de marbre, cette mer dans le lointain, et cette température si douce, font de cet endroit de prédilection de mon enfant, la retraite qui convient le mieux au recueillement et à la douleur. Animée par le désir d'arriver jusqu'à la ville même de Seravezza, j'avais marché sans trop me plaindre de la fatigue ; mais je sentis enfin que je ne pouvais aller plus loin, et que je n'avais pas même la force de revenir. Je m'assis contre un arbre. Mon fils courut à une petite maison de paysan, et en amena une calessina, espèce de petite charrette à un cheval, conduite par un jeune homme. Les informations prises, nous étions si près de Seravezza, qu'au lieu de retourner je consentis au désir de mon fils d'aller jusqu'à la papeterie bâtie par son frère. On nous la montra, ainsi que les fondations de la maison qu'il faisait construire. Le jeune conducteur nous disait tout bas qu'il n'était plus, celui qu'on regrettait tant dans le pays, qui était si bon pour les pauvres. Craignant de nuire encore à celui qu'il aimait, en le disant mort parmi des insurgés, il voulait douter de tels bruits et cherchait à le réhabiliter à nos yeux par tout le bien qu'il nous en disait. Ce jeune homme était loin de deviner la cause de l'émotion que son récit nous causait.

La nuit approchait, il fallut retourner. Arrivés près de la maison où nous avions pris la petite voiture, une jeune femme enceinte, portant un enfant nu dans ses bras, nous arrêta, et avec les instances les plus vives redemanda sa calessina. Mon fils n'y voulut pas consentir, il lui donna de l'argent, et la jeune femme nous suivit des yeux avec un air si malheureux, que je demandai à notre conducteur quelle avait été son idée en voulant reprendre sa voiture. « Son mari, nous » dit-il, est à l'ouvrage ; il doit rentrer bientôt ; il » ne lui donne rien pour habiller ses enfants, elle » profite de son absence pour louer sa calessina ; » mais s'il s'en aperçoit il la bat. » Le mari devait revenir par la route que nous suivions, je voyais la pauvre femme battue s'il nous rencontrait. Alors je pris mon grand courage, je descendis pour continuer mon chemin à pied ; je ne voulais pas être la cause d'un chagrin, et j'eus un peu de mérite, car j'étais excédée de fatigue. Dans la crainte que le mari ne nous eût échappé, nous lui envoyâmes avec sa voiture de quoi le consoler.

Notre longue absence, la nuit qui approchait, avaient tellement inquiété les personnes qui étaient avec nous, que nous les vîmes arriver toutes, l'une après l'autre, à notre rencontre.

M. Zappi vint nous rejoindre. Le beau climat d'Italie exige moins de précautions pour les maladies éruptives que dans tout autre lieu. Il était tout à fait bien.

Pour nous mettre en route, il fallut encore mille précautions. Un étranger qui nous connaissait tous était arrivé la nuit dans l'auberge ; c'était le joaillier de la cour de Florence. Il fallut, pour éviter ses regards, partir à pied avant les voitures.

Un des lieux le plus redoutable à passer pour nous était une dépendance de la principauté de Modène. Les craintes naturelles du duc, sa police active, l'animosité causée par les dangers qu'il venait de courir, et l'incertitude où j'étais qu'une fois partie d'Ancône on n'eût découvert mon stratagème, tout me donnait de l'inquiétude. Pourtant le passe-port anglais ne rencontrait aucun obstacle. Jadis c'était le passe-port français qu'il eût fallu avoir pour trouver considération et protection dans toute l'Europe.

Cependant il était bien hardi de passer tous pour des Anglais, quand pas un seul de nous, hors mon fils, n'en parlait la langue, et encore son accent français était-il facile à reconnaître. Nous en fîmes bientôt l'expérience.

Une calèche s'arrête en face de nous, un homme en sort, s'avance près de ma voiture, y voit deux dames, et court à l'autre. Il croit s'adresser à des compatriotes, et, en anglais, il demande où se trouve le ministre Taylor, pour lequel il a des dépêches pressées. Mon fils lui répond dans la même langue sur ce qu'il désire. — Il remercie en disant : « Je vous demande » pardon, je me suis trompé ; je vous avais » pris pour des Anglais. »

Nous entrons enfin à Massa. Nous voyons toute la troupe sous les armes, on attend à l'instant le duc. Il quittait Modène au moment où l'on mettait en jugement tous les révoltés qui étaient tombés en son pouvoir.

Mon fils se rappela avec douleur ce Menotti, Italien si patriote, si énergique, ami si généreux envers le duc, et qui reçut la mort de celui qu'il avait sauvé.

Nous traversons la ville, impatients de la quitter, et heureusement nous évitons la rencontre de celui qui nous faisait faire de si pénibles réflexions.

A Gênes, il y avait un consul anglais qui visa notre passe-port sans avoir besoin de nous voir, et dans l'auberge, un courrier de la connaissance du mien, qu'il fallut éviter.

J'écrivis de Gênes à mon mari, et j'envoyai ma lettre à un banquier de Livourne, qui devait la mettre à la poste dans cette ville. Dans la crainte que celle de mon fils ne se fût perdue, je lui répétais la même chose, qu'il était hors de tout danger, que j'allais le rejoindre à Malte, et qu'il n'aurait de nos nouvelles que de Londres. Je lui disais aussi que je m'embarquais avec un passe-port sous un autre nom, car je pensais bien qu'on ne pourrait expliquer à Florence mon passage et ma disparition.

A mesure que je m'éloignais des lieux témoins de si tristes événements, les dangers devenaient moins grands; pourtant nous courions souvent le risque d'être reconnus. Un jour c'était un voyageur anglais qui avait pu me voir à Rome, une autre fois des marchands de Florence.

Un matin ma voiture se trouva prise dans un passage trop étroit, avec celle de la jeune fille du général Bertrand, ma filleule, mariée à M. Thayer. Elle était venue me voir en Suisse. Ses domestiques me connaissaient. Je ne la reconnus bien que lorsque nos voitures se quittèrent.

A Nice, où l'on descend par cette route si merveilleuse faite sous l'Empire, tous les courriers qui là attendent les Anglais pour les accompagner en Italie, m'avaient vue; le mien les fit boire pendant qu'on changeait de chevaux. A chaque instant il y avait une précaution à prendre, une personne à éviter : ce qui me causait une tension d'esprit insupportable.

Ce ne fut enfin que lorsque j'eus mis le pied sur le sol français, que j'eus revu cette patrie qui nous exilait encore, et où une loi cruelle nous condamnait à la peine de mort si nous y paraissions; ce ne fut que là pourtant que je commençai à respirer.

A Antibes, pendant qu'on portait mon passeport à viser à la ville, je descendis de voiture, je m'assis sur un banc de pierre près des douaniers. J'étais si satisfaite de me sentir sur cette terre de France, de pouvoir parler ma langue à tout le monde, d'être entendue, comprise! Mais j'étais étonnée de ne pas ressentir cette impression si vive qu'on éprouve quand on revoit la patrie après tant d'années d'absence. Je me rappelais qu'un jour en allant à Bade, j'avais aperçu de loin le clocher de Strasbourg; mon cœur s'était gonflé, mes yeux s'étaient remplis de larmes. Je pensais alors à tous les amis que j'y avais laissés, à ces tombeaux d'êtres chéris que je ne pouvais plus revoir. Aujourd'hui j'abandonnais, il est vrai, un autre tombeau; j'arrivais en étrangère, en fugitive, dans cette France que j'avais tant regrettée et où l'on m'avait oubliée! N'importe, c'était la France, et si j'eusse été dans mon état naturel, sans doute j'aurais senti plus d'émotion de la revoir.

Tout s'affaiblit dans une âme trop chargée de

souffrance. Le courage qu'il m'avait fallu avait épuisé ma faculté de sentir. Plus tranquille à présent, car je ne faisais pas l'injure à mes chers compatriotes de trembler pour ma vie et celle de mon fils, je sentais davantage la perte que je venais de faire, et ma douleur avait repris plus d'empire. Cependant que de réflexions occupaient ma pensée en revoyant des lieux si remplis pour moi d'intérêt et de souvenirs !

Je couchai à Cannes; c'est là que l'Empereur avait débarqué de l'île d'Elbe, c'est de là qu'avec une poignée de soldats, et porté par toute la population, il était remonté si facilement sur ce trône que les Français avaient soutenu avec tant de persévérance, et que les étrangers l'avaient forcé d'abandonner encore une fois. Que les temps étaient changés ! Maintenant l'empire tant calomnié avait été oublié ! Le besoin de liberté semblait remplacer tous les besoins de la nation. . . .

. . . .

. . . .

. . . .

Pour inspirer à mes enfants l'amour de la patrie sans haine pour personne, j'avais dû, dès leur première jeunesse, leur expliquer la nature de leur position et les droits d'un peuple libre. L'Empereur par ses grands services avait réuni toutes les voix pour son élévation. Le peuple qui donne a le droit d'ôter. Les Bourbons, qui se croient propriétaires, peuvent prétendre réclamer la France comme un bien. Les Bonapartes doivent se rappeler que toute puissance leur vient de la volonté populaire; ils doivent en attendre l'expression et s'y conformer, leur fût-elle contraire.

VIII

Je n'ignorais pas qu'il existait encore en France des gens qui croyaient qu'aucun autre nom que celui de Napoléon ne pût permettre une liberté entière, les antécédents étant trop glorieux pour pouvoir la craindre. Mais la croyance de quelques individus ne constitue pas une volonté universelle, et se prêter à ce qui n'est pas dans l'assentiment général, devient de l'intrigue à mes yeux. Aussi j'avais approuvé mes enfants de ne pas aller, comme on les y appelait, occasionner peut-être par leur présence des troubles en France.

A présent que nous nous y trouvions, il fallait éviter d'être reconnus, pour ôter tout prétexte à des individus qui, supposant que leur vœu est le vœu de tous, auraient pu prononcer le beau nom que nous portons pour fomenter des troubles, et l'abaisser en lui donnant un air d'intrigue peu en rapport avec sa hauteur.

Me plaçant donc en dehors de la politique, je n'avais qu'une conduite à tenir. Cette loi que je devais respecter n'avait été faite que dans l'intérêt du nouveau souverain. C'était lui seul qui devait connaître que la force des circonstances m'avait contrainte à l'enfreindre. Aussi je comptais passer par Paris, ne m'y arrêter que le temps nécessaire pour voir le roi, et lui apprendre moi-même mon passage et mon désir de retourner en Suisse.

Toutes les relations que j'avais pu avoir avec lui avaient été bienveillantes. Il n'ignorait pas que je m'étais occupée du sort de sa mère en

1815 [1], que j'avais des lettres d'elle qui m'en remerciaient [2], ainsi que sa tante, la duchesse

[1] L'Empereur permit à la duchesse d'Orléans et à la duchesse de Bourbon de rester en France ; il fixa à la première quatre cent mille francs de rente, et deux cent mille à la seconde.

[2]   Madame,
L'obligeance que Votre Majesté a bien voulu me faire témoigner m'inspire la confiance de la réclamer pour obtenir de l'Empereur une décision qui m'est si nécessaire et si pressante dans la cruelle position dans laquelle je me trouve. J'aurais craint de fatiguer Sa Majesté l'Empereur en lui retraçant les motifs propres à émouvoir sa magnanimité ; j'aime à me persuader que les bons offices de Votre Majesté produiront cet effet, et qu'elle voudra bien rendre justice à la reconnaissance,

Madame,
De votre servante

Louise-Marie-Adélaïde DE BOURBON,
Douairière d'ORLÉANS.

.Ce 28 mars 1815.

Madame,
L'intérêt dont Votre Majesté a bien voulu me réitérer le témoignage dans son aimable lettre du 29 mars, me confirme l'espoir que l'Empereur adoucira bientôt ma si cruelle position ; le ministre des finances l'ayant mise sous ses yeux. Il sera bien consolant pour moi de devoir à la générosité de l'Empereur et à votre obligeante entremise d'obtenir ce que ma position, dont je ne pourrais assez vous exprimer la gêne, sollicite si instamment.

de Bourbon[1]. Voyant mon frère en 1814, il lui avait appris qu'il était l'ami de son père lors

Agréez encore une fois, madame, l'expression des sentiments qu'offre.

A Votre Majesté,
Sa servante

Louise-Marie-Adélaïde DE BOURBON-PENTHIÈVRE,
D. D. d'ORLÉANS.

Ce 2 avril 1815.

Madame,

Je suis vraiment affligée que le mauvais état de ma santé me prive d'exprimer à Votre Majesté, comme je le voudrais, ma sensibilité à l'intérêt qu'elle a témoigné à ma position. Elle est encore bien pénible, ma jambe ne prenant aucune force. Mais je ne veux pas différer d'exprimer à Votre Majesté et à Sa Majesté l'Empereur, auprès duquel j'ose vous prier d'être mon bon interprète, des sentiments dont fait profession,

Madame,
De Votre Majesté
La servante

Louise-Marie-Adélaïde DE BOURBON-PENTHIÈVRE,
D. D. D'ORLÉANS.

Ce 19 avril 1815.

[1] Madame,

Vous avez bien voulu me faire offrir votre médiation auprès de S. M. l'Empereur, pour obtenir l'autorisation de rester en France, et un traitement convenable pour y subsister. Je sais, de l'Assemblée constituante. Il avait fait dire à la grande-duchesse de Bade que je pouvais

Madame, ce que vous avez déjà fait auprès de Sa Majesté, et que c'est en grande partie à votre intérêt que je dois les 200,000 fr. de rente qu'elle a eu la bonté de m'accorder. Mais, sur cette somme, le ministre des finances me dit que j'en dois distraire celle de 50,000 en faveur de mes frères naturels reconnus par mon père, ce qui réduirait mon traitement annuel à 150,000 fr. Vous trouverez sûrement, Madame, cette somme bien modique, eu égard à mes obligations et à la nécessité où je suis de me former un établissement en entier, n'ayant ni habitation, ni meubles, etc., etc.

J'avais, à la vérité, supplié Sa Majesté d'assurer à chacun de ces messieurs 25,000 fr. par an, comme étant la seule dette morale dont je me crusse tenue; mais outre que j'avais pensé que cette dette n'aurait pas dû être prise sur mon traitement de 200,000 fr., c'est que je regardais comme important pour eux de leur assurer le même revenu dans le cas où je viendrais à mourir avant eux. Je viens donc vous prier, Madame, d'appuyer auprès de l'Empereur la demande que j'ose lui faire et qui, j'espère, ne peut vous paraître déraisonnable. C'est une nouvelle obligation que je vous aurai. Je joins ici une copie de la lettre que j'écris à Sa Majesté, et qui doit lui être remise par son ministre de la police.

Agréez, Madame, l'assurance des sentiments les plus distingués que je vous prie de recevoir.

L. M. J. B. D'ORLÉANS-BOURBON.

21 avril 1815.

compter sur son appui. On me l'avait toujours peint enthousiaste de l'Empereur. On annonçait qu'il faisait remettre sa statue sur la colonne ! Que de raisons pour ne pas douter d'un bon accueil. D'ailleurs la loyauté de ma conduite en allant le voir, devait lui prouver qu'étrangère à tout ce qui pouvait diviser mon pays, je savais me soumettre à ses décrets.

Mon fils, toujours instruit de toutes mes pensées, les approuvait. Depuis que nous voyagions en France, je le voyais sortir un peu de sa morne tristesse. Aussitôt arrivé dans une auberge, il allait se promener dans les rues, s'arrêtait dans les cafés, causait avec tous les gens qu'il rencontrait, et venait avec une sorte de plaisir me

Madame,

Je suis bien touchée de votre obligeance, et j'ai toute confiance dans le désir que vous me témoignez ; il me semble difficile que l'Empereur refuse une demande, j'ose le dire, aussi juste, lorsqu'elle est présentée par vous. Croyez, Madame, que ma reconnaissance égalera les sentiments dont je vous prie de recevoir d'avance les témoignages bien sincères.

L. M. J. B. d'Orléans-Bourbon.
Ce 29 avril 1815.

raconter ses conversations. Dans plusieurs endroits on le questionnait sur l'Italie, d'où il paraissait venir. On lui demandait avec curiosité des détails sur la mort du jeune Napoléon, bien loin d'imaginer qu'on s'adressât à son frère. C'est surtout lorsque nous passions dans une ville où se trouvaient des troupes françaises, qu'il s'empressait d'aller les examiner en détail.

Un matin il vint, un papier à la main, me montrer une lettre qu'il écrivait au roi des Français. Je la lus, elle était bien ; mais je n'approuvais pas cette démarche. Mes enfants, traités sans égard, abaissés constamment par tous les gouvernements, même par ceux qui devaient tout à leur oncle, conservaient à la France toute leur affection. Les yeux toujours tournés vers elle, occupés sans cesse des institutions qui peuvent la rendre heureuse et libre, ils savaient que les peuples seuls étaient leurs amis, la haine des grands le leur avait assez appris. Se résigner au choix du peuple français était donc un devoir, mais se vouer à la France était un besoin.

— 171 —

Mon fils, électrisé par la vue de cette patrie qu'il aimait tant, n'avait qu'un désir, c'était d'y rester, de la servir même comme simple soldat. C'était le but de sa demande.

Il était loin de pouvoir se persuader encore que le gouvernement français abandonnerait en Italie et ailleurs, la cause des peuples qui n'avaient fait qu'imiter sa révolution. Mais ma froide raison ne pouvait partager cette illusion.

Je me rappelai mon séjour en France en 1814, toutes les calomnies qui en furent la suite. Mesure parfaite dans la conduite, désintéressement éprouvé, franchise de caractère, noblesse de cœur, tout disparaît devant une position équivoque [1]. J'en

---

[1] En 1814, la loi d'exil n'existait pas contre notre famille. Le désir de rester près de ma mère, de conserver à mes enfants une patrie, un reste de fortune, me fit consentir à la convention particulière faite en ma faveur, et que l'empereur de Russie exigea de Louis XVIII, doutant déjà de l'exécution du traité du 11 avril, qui assurait la fortune et la position de toute la famille de l'Empereur. Par la convention faite avec moi, on formait un duché de tous les biens qui environnaient ma campagne de Saint-Leu, biens dont j'avais la jouissance depuis la réunion de la

fis sentir à mon fils tous les inconvénients. Je lui donnai pour exemple toutes ces associations patriotiques pour l'instruction, comme pour l'amélioration du peuple, associations qui étaient

Hollande, puisque l'Empereur en avait formé un apanage en faveur de mon second fils, Louis-Napoléon.

Ce fut donc pour conserver une partie de ce qui m'appartenait déjà que j'acceptai qu'on l'érigeât en duché. Je me fis appeler duchesse de Saint-Leu, et je me trouvai heureuse de rester dans ma patrie au milieu de mes amis, et dans cette position qui pouvait dissiper toutes les craintes qu'eût inspirées autrement le nom de reine, que j'eusse conservé. Que j'étais jeune encore d'imaginer que je pourrais y demeurer tranquille! Les ambitieux n'ont pu comprendre mon besoin de repos, la douceur que je trouvais à redescendre dans cette vie commune à tous, où l'on n'est aimé que pour soi, et où l'on n'excite plus ni l'envie, ni la méchanceté.

Les égoïstes n'ont pu imaginer qu'on sacrifiât franchement tant d'éclat, et qu'on fît toujours des vœux sincères pour le bonheur de sa patrie.

Et les niais ont voulu croire qu'une faible femme avait le pouvoir de fomenter des révolutions, tandis que les fautes d'un gouvernement et la volonté d'une nation peuvent seuls en opérer. Aussi, au lieu de remplir les engagements contractés envers moi, on me reprit toute ma fortune, et la calomnie la plus outrageante, comme la plus ridicule, a été le résultat d'une démarche inconsidérée, sans doute, car j'avais agi selon mes sentiments, et l'on ne doit agir que selon sa position.

dans ses opinions, dont il voudrait faire partie, et que le gouvernement redoutait évidemment, puisqu'il venait de les défendre. Quel rôle pouvait-il jouer alors ? Enfin, je crus l'avoir convaincu par mes raisons, que retrouver notre tranquille ermitage suisse devait être l'unique but de nos désirs. Il me répondit : « Ah ! servir la France » pouvait seul me rattacher à la vie. » Ce mot qui me montrait, quoiqu'il cherchât à me le cacher, à quel point la mort de son frère lui avait laissé une funeste impression ; ce mot me glaça d'effroi. Sa vie était mon seul bien, et ma raison semblait la désenchanter ! Insensiblement je diminuai la force de mes observations. Je lui dis que nous verrions à Paris, aux égards qu'on aurait pour nous, ce qu'il y avait à faire.

Toute la route que je parcourais était pour moi remplie de souvenirs. En passant à Nemours, je me rappelai qu'à la fin de 1809 l'Empereur fit dire par le télégraphe à mon frère de se rendre à Paris. Il m'avait engagé à aller au-devant de lui. Je le rencontrai à Nemours, et là, je lui appris que le divorce de l'Empereur venait d'être décidé : sacrifice immense que ma mère faisait au bonheur de la France et de son époux. Ses enfants, animés du même sentiment, durent l'imiter, et avec le même désintéressement : ils renoncèrent, mon frère, au trône d'Italie qui lui était assuré si l'Empereur n'avait pas d'enfants, et moi, à celui de France, dont mes fils étaient alors les seuls héritiers [1].

A Fontainebleau, je voulus montrer à mon fils ce palais, témoin de la plus grande gloire qu'on puisse imaginer ; ce palais que nous habitâmes après la paix de Tilsitt, au milieu des fêtes qui se succédaient et des hommages des princes étrangers qui accouraient pour implorer l'appui de leur vainqueur. Le pape y vint une fois de plein gré et une autre fois contraint. Et l'Empereur lui-même, si grand et si puissant, s'y vit forcé d'abdiquer cette même couronne que tant de victoires, de bienfaits et de vœux avaient placée sur sa tête.

[1] Le roi Joseph, aîné des frères de l'Empereur, n'avait pas d'enfants mâles.

Là aussi je pus montrer à mon fils l'endroit où il fut tenu sur les fonts baptismaux par l'Empereur. Quelques domestiques du château étaient encore les mêmes ; quoique persuadée que je devais être bien changée depuis tant d'années, j'avais pourtant la précaution de tenir mon voile noir toujours baissé !

Mon fils faisait les questions qui pouvaient nous intéresser.

J'entendais si souvent répéter mon nom à propos des divers appartements que j'avais habités, qu'il était évident qu'on était resté fidèle au souvenir de notre temps. Je retrouvais tout comme je l'avais laissé. Le seul changement qui me frappa fut le jardin anglais, planté par nous, et qui était devenu si grand et si magnifique, qu'il me fit faire un soupir en pensant à la longueur du temps qui l'avait fait croître et qui m'avait séparée de la patrie ! Hélas ! et il fallait encore en vivre éloignée !

IX

Enfin j'arrivai à la barrière de Paris. Je mettais une sorte d'amour-propre à montrer par son beau côté cette capitale à mon fils qui devait à peine s'en souvenir. Je dis au postillon de nous mener par le boulevard jusqu'à la rue de la Paix, et de s'arrêter au premier hôtel venu. Je repassais par le même chemin où, seize ans auparavant, escortée d'un officier autrichien, je quittai le soir cette ville d'où les alliés m'expulsaient à la hâte, tellement redoutée par eux, faible femme que j'étais avec mes deux jeunes enfants, que de distance en distance la troupe ennemie était sous les armes pour protéger, disait-on, notre passage. Le peuple, humilié, agité, qui prenait dans ce moment pour signe de ralliement un œillet rouge, était plus à redouter pour eux que pour nous.

Le hasard nous conduisit à l'hôtel de Hollande. J'occupai le petit appartement du premier. De là, je voyais le boulevard et la colonne de la place Vendôme.

M. Zappi avait envoyé à sa femme l'adresse d'un ancien valet de chambre, à moi, pour lui transmettre de ses nouvelles; en arrivant il courut en chercher. Mon fils l'accompagna, bien sûr qu'il ne serait pas reconnu; et en effet, cet ancien serviteur, les larmes aux yeux, lui faisait mille questions sur lui et sur son malheureux frère. Il en revint tout ému.

Pendant ce temps je faisais écrire par Mlle Masuyer une lettre à M. Frantz d'Houdetot, aide de camp du roi, pour lui annoncer son arrivée à Paris avec une famille anglaise, et le désir qu'elle avait de le voir pour remplir une commission de ma part.

Les révolutions qui bouleversent tant de destinées et les livrent au hasard, faisaient que presque tous mes anciens amis et ceux de l'Empereur entouraient le nouveau roi. J'avais choisi M. d'Houdetot, que je connaissais peu, parce que j'étais instruite de son entier dévouement à la famille d'Orléans. Je voyais souvent sa sœur, la comtesse Germain, et sa cousine, Mme Lindsay, dont la campagne, en Suisse, est voisine de la mienne, et où il venait quelquefois. J'avais pu, dans ses conversations, apprécier ses sentiments envers son prince dont il était depuis longtemps l'ami et l'aide de camp. C'est ainsi que je devais choisir l'intermédiaire entre le roi et moi. Il était de service, et répondit à Mlle Masuyer qu'il ne viendrait que le lendemain au soir.

Je me reposai donc toute cette journée. Assise à la fenêtre de ce petit appartement, j'oubliais qui j'étais, ce que je venais de fuir, ce que je venais chercher. Je voyais des Français passer et repasser devant moi. J'étais dans cette capitale où j'avais habité des palais ; je ne les regrettais pas. Je n'enviais pas le sort de ceux qui y demeuraient, et mon ambition eût été satisfaite de vivre là, ignorée, oubliée, pour le reste de mes jours.

Je n'aurais pas voulu voir une amie ; une seule marque d'intérêt m'eût trop attendrie. Je me complaisais dans une sorte d'engourdissement qui n'était pas sans charmes, car j'oubliais tout et ne désirais rien. Cet état doux, en comparaison de la la douleur, ne fut pas de longue durée. Il fallut m'occuper de moi, de ma position, expliquer mon voyage, vouloir quelque chose, quand tout m'était indifférent. Cet effort me fut des plus pénibles.

Le lendemain de mon arrivée, toujours assise auprès de ma fenêtre, croyant reconnaître tous ceux qui passaient, ne voyant pas un ruban rouge à quelqu'un sans croire qu'il ne fût porté par un ancien ami, j'étais complétement plongée dans le passé, lorsqu'un corbillard arrêté à ma porte vint remettre sous mes yeux l'image du présent et de la mort qui ne me quittait pas. Une jeune femme logée au-dessus de moi venait d'être enlevée à sa famille au désespoir. Il me fallait entendre l'expression des douleurs que je connaissais si bien.

Le soir, M. d'Houdetot, vint comme il l'avait annoncé. Quelle fut sa surprise en me voyant! Toutes les nouvelles qu'on avait de moi annonçaient mon départ pour Malte. Toutes les lettres de mes amis y étaient adressées. Plusieurs, inquiets d'un si grand voyage pour ma faible santé, faisaient des démarches pour qu'on me permît de traverser la France afin de me rendre plus facilement en Angleterre; c'est du moins ce que me dit M. d'Houdetot. Je lui appris mes malheurs et le désir que j'avais de voir le roi. Il se chargea de ma commission et y mit le plus touchant intérêt. Il revint le lendemain me dire que le roi s'était récrié sur l'imprudence que j'avais faite de venir en France et sur l'impossibilité où il était de me voir. M. d'Houdetot ajouta qu'ayant un ministère responsable, le roi n'avait pu cacher mon arrivée au président du conseil, et qu'il me prévenaît que M. Casimir Périer allait venir chez moi.

Je ne dissimulerai pas que cette réponse me contraria excessivement. J'étais si peu disposée à de froides explications, que tout effort me coûtait. Je n'avais aucune suite dans mes idées. Je n'avais désiré voir le roi que pour lui dire : « Me
» voilà ; j'ai été obligée de passer par la France,
» je veux que vous ne l'appreniez que par moi.
» Si par la suite ce voyage est su, vous ne me
» supposerez pas d'autre désir que celui de sau-
» ver mon fils. » C'était la vérité, et je le dis de même à M. Casimir Périer, lorsqu'il se présenta chez moi quelques heures après. Sans doute il fut convaincu, car ses manières, assez sèches d'abord, changèrent aussitôt.

Entre autres particularités de cette première conversation avec M. Casimir Périer, je lui dis : « Je sais bien que j'ai transgressé une loi ; j'en
» ai pesé toutes les chances : vous avez le droit
» de me faire arrêter, ce serait juste. » — Il me répondit : « Juste, non ; légal, oui. » Enfin sa réserve officielle disparut, et le lendemain au soir

M. d'Houdetot vint me chercher pour me mener au Palais-Royal.

Je dois dire que le roi s'était informé avec intérêt si j'avais été contente de M. Périer, s'il avait été convenable. Il avait craint, le connaissant un peu homme d'affaires, que je n'en fusse pas satisfaite.

Cette inquiétude me toucha et me disposait d'autant mieux à le voir. Lorsque je fus assise, seule dans un appartement particulier, M. d'Houdetot alla prévenir le roi.

Il fut poli, gracieux même. Il me parla de l'exil de notre famille comme lui pesant sur le cœur. « Je connais toute la douleur de l'exil, me » dit-il, et il ne tient pas à moi que le vôtre n'ait » déjà cessé. » Je lui exprimai la douceur que je trouvais à revoir la patrie, mais je lui dis que je ne venais pas dans l'espoir d'y rester; que je concevais les positions difficiles comme la sienne; qu'il pouvait juger le temps où la France serait ouverte à tous ses enfants. Seulement j'ajoutai que sa cause devait être la même que celle qui avait si longtemps fait la gloire de la France; et qu'il y avait eu autant d'injustices que peu de politique à avoir, sous son règne, lancé une nouvelle loi de bannissement contre une famille que l'étranger seul avait renvoyée. Il s'excusa, et me dit que l'exil prononcé contre notre famille étant un article de la même loi qui avait frappé les conventionnels, et dont le pays réclamait impérieusement le prompt rappel, il avait été obligé ainsi de paraître prononcer un second bannissement, tandis qu'il n'avait que renouvelé ce qui avait été fait. Mais il ajouta : « Le temps n'est » pas loin où il n'y aura plus d'exilés; je n'en » veux aucun sous mon règne. » Il me parla de son propre exil, de la fâcheuse position où il s'était trouvé, forcé à donner des leçons. Je lui dis que je le savais, et que c'était une gloire pour lui.

Je lui appris que mon fils était avec moi. Il s'en était douté, et me recommanda de ne laisser supposer à personne notre arrivée, car il l'avait même cachée à son ministère, et tenait à ce que tout le monde ignorât notre passage. Je lui en donnai ma parole, et je l'ai tenue.

Il me témoigna ensuite tout le plaisir qu'il aurait à m'obliger, en me priant de vouloir bien en indiquer les moyens. Je sais que vous avez de légitimes réclamations à faire, me dit-il, et que vous en avez vainement appelé à la justice de tous les ministères précédents. Écrivez-moi une note de tout ce qui vous est dû, et que vous enverrez à moi seul. « Je m'entends en af-
» faires, et je m'offre d'être votre chargé d'affai-
» res. » Ce sont ses propres expressions.

« Le duc de Rovigo, continua-t-il, m'a dit que
» les autres membres de la famille de l'Empereur
» se trouvaient dans la même position. Je serai
» heureux de leur être agréable à tous, et je
» tiens à faire quelque chose particulièrement
» pour la princesse de Montfort [1].
» — Ah! vous devez, Sire, m'écriai-je, réparer

---

[1] La princesse Catherine de Wurtemberg, femme du roi Jérôme, sœur du roi régnant de Wurtemberg, et cousine germaine de l'empereur de Russie.

» tant d'injustices commises envers eux ! ils sont » tous dans le malheur. C'est une dette de la « France qu'il est digne de vous d'acquitter[1]. »

Il me parla encore de mon père qu'il avait beaucoup connu, de la grande duchesse de Bade, pour laquelle il avait de l'attachement, et

---

[1] L'Empereur avait acheté tous les diamants de la couronne, même le Régent mis en gage sous le Directoire ; il avait augmenté, restauré et meublé tous les palais impériaux. Le tout avait été payé sur sa liste civile ; il avait doté le domaine extraordinaire de plusieurs centaines de millions, fruits de ses conquêtes. En abdiquant à Fontainebleau, il fixa le sort de sa famille et le sien par le traité du 11 avril 1814.

Il abandonnait toutes ces richesses, tous ses biens particuliers ; il cédait les diamants de la couronne moyennant un traitement pour lui et sa famille, et fixait une somme pour récompenser quelques braves de leur dévouement.

Ce traité fut signé par M. de Talleyrand au nom de Louis XVIII, ratifié par lui et garanti par toutes les puissances ; mais jamais il ne fut exécuté. Loin de là, tout fut pris et gardé de ce qui appartenait à la famille de l'Empereur. On ne paya même pas aux membres de la famille impériale les arriérés de leurs traitements que le trésor leur devait, et qui, quoique portés sur la dette publique reconnue par la Chambre des députés de 1814, ne furent jamais reçus par eux. Pour justifier ce manque de foi, on ne cessa de répandre le bruit que ceux qu'on dépouillait aussi arbitrairement emportaient des millions de la France.

enfin de la révolution de juillet, et de son anxiété lorsqu'il entendit le canon de Paris, et qu'il fallut qu'il se chargeât d'une couronne toujours si difficile à porter. « Mais je rempli- » rai, ajouta-t-il, tous les engagements que j'ai » contractés. »

Il est impossible d'avoir mis plus de bonne grâce à tout ce qu'il me disait, et cet air de bonhomie que je trouvais en lui et qui me rappelait jusqu'à un certain point les traits de cet excellent vieux roi de Bavière, de cet ancien et constant ami de mon frère et de moi, me disposait à la confiance.

Il s'excusa de ne pas venir me faire une visite, à cause de sa nouvelle position et du secret de mon voyage, et il me demanda si je voulais voir sa femme et sa sœur. Il les amena toutes les deux et se retira.

L'air de bonté, de distinction, de simplicité de la reine me plut extrêmement. Ma douleur s'épancha davantage dans le sein d'une tendre mère de famille. Je lui racontai toutes mes angoisses pour sauver le seul fils qui me restait. Il me coûtait trop de parler d'autre chose que de ce qui remplissait mon âme. La reine me comprenait si bien, ainsi que sa sœur, et leur intérêt était si affectueux, que j'aurais pu me croire au milieu de ma famille. Je me sentais si malheureuse que leurs consolations me firent du bien : aurais-je jamais pu essayer de leur faire du mal !

Le roi revint encore. Je parlai de l'impression que la vue de la France avait faite sur mon fils, et de la lettre qu'il lui avait écrite. « Envoyez-la-
» moi, dit-il; mais pourquoi ne resteriez-vous
» pas? qu'allez-vous faire à Londres? — J'y vais,
» parce que j'ai dit que j'y allais, et que je ne
» sais pas si je puis aller ailleurs; mais je désire
» y rester peu de temps, et ce que je vous de-
» mande, sire, c'est de traverser la France pour
» retourner en Suisse. Je tiens aussi à ce que
» nous restions là sous la protection du gouver-
» nement de notre patrie; car enfin, nous sommes
» Français, et faut-il que notre pays nous aban-
» donne sans cesse aux vexations de tous les

» autres gouvernements? Mon fils, ayant pris part
» aux derniers mouvements d'Italie, ne peut es-
» pérer d'appui que de la France. Depuis trop
» longtemps nous sommes le jouet des étrangers. »

Je racontai alors le peu d'égards qu'on avait eus pour mon fils à Rome avant les derniers événements, et j'ajoutai que le ministre d'Autriche ayant déclaré à mon mari, à Florence, que mes enfants ne pourraient plus habiter la Suisse, la France seule pourrait nous y maintenir, et devait nous donner des passe-ports français pour y retourner.

Le roi promit tout ce que je désirais, et paraissait vouloir faire plus même que je ne demandais.

Enfin, je reçus tant de marques d'intérêt que je les quittai enchantée de leur accueil, et touchée de la sympathie qu'ils avaient montrée pour mes douleurs.

En rentrant, j'allai près du lit de mon fils, qui, pendant mon absence, s'était couché avec une fièvre assez forte. Les gens de la maison avaient voulu envoyer chercher un médecin anglais. Mes domestiques avaient dit que, Française de naissance, quoique mariée à un Anglais, j'avais plus de confiance pour mes enfants dans les soins d'un médecin de ma nation. On appela donc celui qui logeait le plus près de nous, M. Balancier. On ne savait quel caractère prendrait la maladie de mon fils : sa gorge était très-enflammée. Me voilà encore auprès d'un malade si cher, mon seul intérêt dans ce monde, et obligée de retrouver assez de courage et de force pour le soigner, sans succomber moi-même à tant de secousses répétées.

Les seules interruptions à ces soins assidus furent quelques visites de M. C. Périer. Je lui remis un jour la lettre de mon fils pour le roi. M. Perrier y changea une expression un peu forte sur l'Autriche, expression que j'avais blâmée moi-même. La chambre, me dit-il, va se rassembler bientôt; il n'est pas douteux qu'elle ne s'occupe du rappel de la loi qui concerne la famille de l'Empereur, et elle se montrera certainement toute bienveillante. Il ne dépendra d'ailleurs pas de nous que cette loi ne soit révoquée, et il serait possible que dans le cours de la discussion la lettre de votre fils fût imprimée.

Il ne me vint pas une seule fois à l'esprit de douter de sa bonne foi. Il était, au surplus, toujours rempli d'attentions pour moi : il me disait qu'il logeait tout près de là, et qu'il était à mes ordres pour tout ce dont j'aurais besoin.

Un autre jour il me questionna sur le duché de Saint-Leu ; il me parla de la possibilité de me le rendre, puisque cela était conforme aux stipulations d'une convention diplomatique conclue avec moi et approuvée par toutes les puissances étrangères. Il m'assura du désir sincère que le roi lui avait manifesté de m'obliger, et de faire aussi quelque chose pour la famille de l'Empereur, ajoutant que lui y était tout disposé.
— Vous ferez bien, lui dis-je, d'être juste envers elle, car l'abandon où on l'a laissée n'est pas digne de la France. Je suis trop Française pour ne pas être humiliée pour mon pays de voir le grand nom de Napoléon dans le malheur. Comment ! on proclame sa gloire, on s'en honore, et

cependant on retient toute la fortune de sa famille, et on la chasse encore quand c'est pour la France qu'elle a versé son sang. Le roi Jérôme, qui s'est battu à Waterloo, qui y a été blessé, n'aurait aucun moyen d'existence, si l'empereur de Russie et le roi de Wurtemberg ne faisaient une faible pension à sa femme. Est-ce juste ? est-ce digne [1] ? On veut donc faire paraître la nation ingrate envers le souvenir d'un grand homme ? — Vous avez dû voir, me dit M. Périer, que ce n'est pas notre intention ; déjà il est décidé qu'on va remettre la statue de l'Empereur sur la colonne. — J'ai lu l'annonce de cet arrêté dans les gazettes, lui répondis-je, et c'est une des raisons qui m'a le plus portée à désirer voir le roi.

---

[1] C'est au lieu appelé les *Quatre-Bras* que le roi Jérôme fut blessé au moment où il enlevait une batterie d'obusiers, et où le prince de Brunswick tombait sous le feu d'un de ses régiments ; toute la journée du 15, il tint tête aux gardes anglaises, et conserva sa position, malgré une perte considérable. Après la bataille, il effectua sa retraite à Laon, y rallia toute l'armée forte encore là de 28,000 hommes d'infanterie et 5,000 de cavalerie, et remit le commandement au major général duc de Dalmatie, revenu de Paris après l'abdication de l'Empereur.

A la suite de mes conversations avec M. Périer, j'étais si fatiguée de l'effort que j'avais fait sur moi, que je prenais ma tête dans mes mains et que je restais une heure à la tenir serrée, comme pour me remettre d'un éblouissement. Si je parlais de mes intérêts, c'est parce qu'on m'y poussait et qu'on semblait mettre du prix à m'obliger, car j'étais parfaitement indifférente sur ma propre destinée. Conserver la vie du fils qui me restait devenait le seul but de mes désirs et de mes actions; je ne voyais rien au delà, et j'étais encore tellement frappée de terreur de l'excès du malheur qui venait de m'accabler, que loin de penser qu'il avait été trop cruel pour ne pas être le dernier, je n'avais l'esprit rempli que de la crainte d'éprouver encore une plus complète douleur.

Il fut arrêté entre le roi et M. C. Périer que nous irions à Londres, que là j'écrirais au roi une lettre ostensible (qu'il montrerait à son ministère), pour demander l'autorisation d'aller prendre les eaux de Vichy, au lieu de celles de

Plombières que j'aurais préférées comme étant sur la route de la Suisse, ce que M. Périer repoussa, par la crainte de l'agitation qu'il croyait ma présence propre à produire dans un pays où l'empire avait encore laissé tant de bons souvenirs.

Ils tracèrent eux-mêmes mon itinéraire. Je devais passer par Paris, y voir quelques-uns de mes amis, quoiqu'en conservant un strict incognito, y faire une visite au roi et à la reine, et partir le lendemain pour Vichy.

Madame Adélaïde me fit dire par M. d'Houdetot que si son château de Randon avait été prêt, elle se ferait un plaisir de me l'offrir.

Les journaux ne devaient parler de moi, de ma visite, qu'après mon départ.

J'approuvai tout. Mais lorsque M. Périer me dit : « D'après ce que nous venons d'arrêter
» pour vous, on s'habituera petit à petit à vous
» voir en France ainsi que votre fils. Quant à
» vous personnellement, l'assentiment général
» serait donné à l'instant de vous en ouvrir les

» portes ; quant à votre fils, son nom y serait
» un obstacle ; et si, plus tard, il acceptait du
» service, il faudrait qu'il quittât son nom. Nous
» sommes obligés de ménager les étrangers,
» nous avons tant de partis différents en France
» que la guerre nous perdrait »............ Il me
fut impossible d'exprimer ce que je ressentis
alors. « Comment! ce beau nom dont la France
» devait se parer, il fallait le cacher, le dissimu-
» ler comme s'il était honteux. » Et pourquoi ?
parce qu'il rappelait la gloire de la France et
l'humiliation de l'étranger ! Ah ! que les titres
d'exclusion étaient différents de notre temps ! Je
me souvenais d'avoir dit à madame de Mailly,
sous-gouvernante de mes enfants, et qui mettait
toujours dans leurs mains une pétition quand ils
allaient déjeûner avec leur oncle : « Comment
» espérez-vous une place pour le mari que vous
» venez de choisir ? vous connaissez donc bien
» peu le système de l'Empereur. Il a laissé ren-
» trer les émigrés, il leur a fait du bien, ils
» étaient Français et malheureux ; mais il ne pro-

» tége et n'élève que ceux qui ont rendu des
» services à la France dans tous les temps, et
» jamais ceux qui ont porté les armes contre
» elle. »

Quand je rendis compte à mon fils de ma conversation avec M. C. Périer, il s'écria avec véhémence : « Quitter mon nom ! qui oserait me faire
» une pareille proposition ! Ne pensons plus à
» rien de tout cela, retournons dans notre retraite.
» Ah ! vous aviez raison, ma mère ! »

X

Il me fallait faire tant d'efforts pour m'occuper d'autre chose que de ma douleur, que souvent, comme je l'ai dit plus haut, la faiblesse de ma tête me faisait oublier la chose que je voulais exprimer. A la dernière visite que me fit M. Périer, et pendant laquelle il me rendit compte de tout ce qui avait été arrêté entre le roi et lui, il me proposa, comme banquier, de me prêter les moyens de continuer mon voyage, en cas que j'en eusse besoin. Pareille offre m'avait été faite de la part du roi, je l'avais refusée [1]. Je refusai donc M. Périer aussi bien que le roi, et à propos de la simplicité qui m'entourait et de mon peu de prétention en tout, j'avais ajouté : « Nous sommes des rois plébéiens, » du moins, c'est ce que je voulais dire, mais par distraction, je dis : « Nous sommes des rois populaires. » M. Périer avait répondu : « Oui, » poliment. Revenue à moi, je sentis la différence des mots, mais il n'y avait plus moyen de rectifier mon expression ; elle était sortie. Serait-ce parce qu'il se la rappela, que le peuple réuni au pied de la colonne, le 5 mai, et notre présence à Paris, lui parurent tant à craindre ?

---

[1] Je n'avais besoin de rien, puisque, sous le nom de mademoiselle Masuyer, ma dame, une lettre de crédit prise d'Ancône sur Paris était suffisante pour pourvoir aux frais de mes voyages. Dès le lendemain de mon arrivée, mademoiselle Masuyer était allée toucher une somme de 16,000 francs chez M. Jacques Lefebvre. J'apercevais bien, par ses offres si souvent répétées, qu'on craignait que je ne me découvrisse à quelques banquiers indiscrets, en cas que j'eusse besoin d'argent. Ce peu de confiance en la parole que j'avais donnée de rester inconnue me blessait, car je ne pouvais en comprendre le motif.

Sans la maladie de mon fils, je serais partie tout de suite ; car si le roi et la reine ne m'avaient rien exprimé qui pût montrer le désir de me voir m'éloigner promptement, madame Adélaïde, en me demandant le jour de mon départ, n'avait pu s'empêcher de me manifester son appréhension que des Anglais, qui avaient pu voir mon fils en Italie, ne le reconnussent s'il sortait ; et quand je lui répondis que je ne voulais me reposer que trois jours, malgré l'intérêt qu'elle me montrait, elle s'était écriée que c'était bien long. Aussi ne voulant leur causer aucune inquiétude, j'aspirais à m'en aller.

M d'Houdetot venait régulièrement savoir des nouvelles de la maladie de mon fils ; il entrait dans sa chambre. Il ne me cachait pas que M. Périer était sur les épines de nous savoir encore là. Il lui tardait que nous fussions hors de France. Le secret fait par le roi à son ministère responsable, de ma présence à Paris, était la raison que M. d'Houdetot me donnait de cette inquiétude qui me semblait si peu motivée.

Le médecin disait que mon fils avait une inflammation, ma dame était tombée malade aussi, et je me trouvais, avec ma faiblesse extrême, obligée de penser à tout.

Le médecin ne concevait pas l'état dans lequel il me voyait. Quoique mon fils fût gravement malade, il ne l'avait pas déclaré en danger, et il apercevait sur mes traits, dans toute ma personne, le désespoir qui m'accablait. Cela l'intéressa ; il en parla à mademoiselle Masuyer qui fut forcée de lui faire des contes pour détourner son attention de la vérité qu'il aurait pu chercher à deviner. Il me trouva presque aussi malade que ceux que je soignais ; il s'aperçut que le moral était vivement affecté, et il exigea de moi que je sortirais tous les jours. Mon fils le voulut aussi ; car après ce long voyage, l'absence complète d'air et de mouvement anéantissait le peu de forces qui me restaient.

Ce qui avait beaucoup augmenté l'intérêt de notre médecin pour moi, c'est qu'en le questionnant sur le lieu de sa naissance il m'avait dit :

« Madame, vous ne pouvez le connaître, on ne
» peut y aller qu'à cheval; mon village est au
» pied d'une des grandes montagnes des Pyré-
» nées, au fond de la vallée d'Azun, presque
» impraticable ; on l'appelle Arrens. — Comment,
» m'écriai-je, j'y ai été ! » Et à l'instant, des souvenirs douloureux encore vinrent me rappeler
ces lieux que j'avais visités après la perte d'un
fils [1]. Je les lui décrivis exactement; je m'infor-
mai d'une petite chapelle qui était située d'une
manière si romantique, et que j'avais dessinée il
y avait si longtemps ! Je ne lui dis pas que c'était
moi qui l'avais fait ouvrir à la prière des habitants, et que j'y avais fondé une messe pour l'anniversaire de la mort de mon premier enfant.
J'appris avec peine par lui que, depuis le retour
des Bourbons, cette chapelle était abandonnée.

D'après la volonté expresse du médecin et de
mon malade, j'allais donc pendant une demi-heure
tous les soirs me promener à pied sur le boule-

[1] Charles Napoléon, prince royal de Hollande, mort à La Haye,
le 5 mai 1807.

vard avec M. Zappi. Deux fois, je sortis en voiture le matin. Je la fis passer devant mon ancien hôtel, que je n'aimais pas, dans lequel j'avais beaucoup souffert; mais mes enfants y étaient nés, et je voulais revoir ce lieu pour me reprocher de m'y être trouvée malheureuse; car j'osais me plaindre alors au milieu de tant de prospérités, tandis que j'étais si loin de connaître l'excès du malheur qui devait m'accabler un jour.

Je passai devant les maisons de plusieurs amis qui m'étaient restés fidèles. J'avais un voile, je ne pouvais être reconnue, mais je trouvais doux de me sentir si près d'eux.

Après ces courtes promenades, je rentrais bien vite près de mon malade, et je ne le quittais plus.

Un dimanche, j'allai à la messe à Saint-Roch. Je me trouvais placée à côté de M. de Lamartine, dont le talent m'avait toujours plu, et que j'avais désiré connaître. M. Zappi me le montra; sa vue me causa un douloureux souvenir, car je me rappelai qu'à Florence[1], un jour de gaieté, mon fils

---

[1] Il était chargé d'affaires à Florence.

aîné, se promenant avec moi aux Cascines, me nommait du nom de Lamartine tous les hommes ridicules qui passaient, voulant me faire trouver dans leur physionomie l'expression du talent et de la sensibilité que je cherchais vainement. Il appréciait tout autant que moi cet illustre poëte, mais plaisantait ainsi de ma prédilection pour lui.

M. d'Houdetot nous avait fait la description du diorama de Sainte-Hélène. Mon fils regrettait de ne pouvoir y aller, et, pour lui faire plaisir, nous étions convenus qu'en partant pour l'Angleterre nous pourrions nous arrêter là un instant en passant. Mlle Masuyer étant guérie, un matin qu'il faisait beau, on voulut absolument me faire marcher. Je sortis pour la première fois au grand jour. Ce monde, cette clarté m'étourdissaient. Mon effroi de rencontrer un ami, une connaissance, était aussi grand par la promesse que j'avais faite de rester inconnue, que par la crainte d'éprouver une émotion trop forte : car la vue d'un être qui peut s'intéresser à nous, ôte le pouvoir de renfermer sa douleur.

J'allais retourner chez moi, n'osant pas affronter la foule qui se pressait sur le boulevard, quand je me trouvai devant mon portrait, celui de l'empereur Napoléon et de toute sa famille. J'entrai dans la boutique. « On pense donc encore à nous, » me disais-je; les couronnes ne sont pas à en- » vier, on ne peut les regretter; mais l'affection » du peuple, si douce à recevoir, elle n'est donc » pas entièrement éteinte? » Je m'étais tant affligée de l'indifférence totale qui avait présidé à notre exil ! Je n'ambitionnais qu'un souvenir d'affection pour trouver moins pénible de m'exiler encore. Ces portraits qu'on vendait beaucoup au peuple, me disait-on, semblaient m'indiquer ce regret affectueux. Je n'en demandais pas davantage.

Remise un peu de mon émotion, je voulus continuer ma promenade ; la pluie survint. Notre domestique de place nous conseilla d'entrer au Néorama, près du boulevard, pendant qu'il irait nous chercher un fiacre. Nous y entrâmes en effet.

On y voyait si peu clair que ce fut à tâtons que

nous nous trouvâmes dans l'abbaye de Westminster. Il y avait là quelques personnes; à peine si nous pouvions les distinguer. En sortant, mademoiselle Masuyer me proposa, puisque nous avions une voiture, au lieu de revenir si vite, d'aller voir le tombeau de Sainte-Hélène, dont la description pourrait intéresser mon fils. J'y consentis, parce que je venais de faire l'expérience de l'obscurité de ces expositions. Quel fut mon étonnement, lorsqu'en entrant dans la salle où était placée la vue du tombeau, la clarté, beaucoup plus grande qu'au Néorama que je venais de quitter, me montra distinctement quelques personnes. J'étais déjà entrée, je ne pouvais reculer.

J'examinais en silence et avec une sorte de recueillement la représentation de ce simple et triste monument, quand j'aperçus des yeux fixés sur moi. A l'instant, je dis à ma dame: « Partons; suivez-moi! » et je m'élançai hors de la salle; je descends vite l'escalier, je rejoins dans la rue la voiture, le domestique m'en ouvre la portière, et je monte dedans.

XI

Le colonel ***, que j'avais vu à Rome, m'avait suivie; il resta sur le seuil de la porte, me vit repasser, mit le doigt sur sa bouche, comme pour me dire : « Je n'en parlerai pas. » Mais, doutant peut-être encore si mon apparition était une erreur, car j'avais un grand voile, il envoya un jeune garçon pour s'assurer où la voiture allait nous conduire.

Mademoiselle Masuyer s'aperçut que nous étions suivies par un enfant; que faire? retourner, mettre le colonel dans ma confidence, m'eût trop coûté. J'avais donné ma parole de rester inconnue, je ne devais pas y manquer. J'avais même sacrifié mes intérêts à cette parole. L'individu auquel j'avais envoyé de Rome, pour le vendre, un beau collier de diamants, qui venait de lui être payé, était fort embarrassé dans ses affaires, au moment même où j'étais si près de lui. Mon valet de chambre vint m'en prévenir; j'aurais pu sauver quelque chose en me découvrant à lui. Je me résignai à tout perdre plutôt que de manquer à la promesse que j'avais faite.

Ici j'avais commis une imprudence; mais en fuyant, je prouvais au colonel, s'il m'avait reconnue, que le secret m'était nécessaire. S'il était incertain, le secret était gardé. Tout en allant, nous calculions le moyen de nous soustraire à cette inquisition qui m'inquiétait beaucoup, je l'avoue; nous avions beau nous consulter, nous ne savions comment sortir de cet embarras. Nous dîmes enfin au cocher d'aller dans la rue de Richelieu. Nous fîmes arrêter; là, nous voulions charger notre jeune espion d'aller chercher au Diorama quelque chose que nous supposions y avoir oublié, et lui donner, avec de l'argent, une fausse adresse pour nous retrouver. Nous l'appelons, il avait disparu. Alors je veux retourner chez moi; mademoiselle Masuyer s'y oppose. » Vous ne connaissez pas la finesse de ces jeunes » gens, me dit-elle; il a, je suis sûre, le numéro » de notre voiture; il faut aller la quitter au » Palais-Royal. » Elle avait raison, car, en repartant, nous aperçûmes encore de loin l'enfant qui nous guettait.

Je descends donc au Palais-Royal, où je me trouve de nouveau au milieu de la foule. Peu habituée à aller ainsi seule à pied, j'étais inquiète, agitée. Personne ne faisait sans doute attention à moi, et je croyais voir tous les yeux fixés sur moi. Pour me soustraire aux observations que je redoutais, j'entrai dans la première porte venue; c'était un café rempli d'hommes. Je m'enfuis de nouveau; enfin je me précipitai chez un bijoutier où je m'assis toute émue et respirant à peine.

Sans doute, j'inspirai beaucoup d'étonnement à une jeune fille et à son père qui étaient dans la boutique. J'avais les nerfs dans un tel état d'ébranlement qu'il fallait peu de chose pour les agiter. Je me remis pourtant; j'achetai un bijou et je sortis enfin par une autre porte où une nouvelle voiture nous ramena à notre hôtel.

Mon fils me blâma de n'avoir pas parlé au colonel ***. « Il ne comprendra pas votre silence, » me dit-il, et ne se croira pas obligé à la dis- » crétion. » J'ai appris depuis qu'incertain si c'était moi qu'il eût vue, il ne me cherchait que pour me rassurer en cas qu'il ne se fût pas trompé.

Cependant nous étions déjà depuis onze jours à Paris, et la fièvre de mon fils ne se calmait pas. Malgré toutes les boissons rafraîchissantes, la gorge restait toujours enflammée. Le médecin lui posa lui-même les sangsues. M. d'Houdetot arriva au même moment; c'était le 4 mai; il paraissait affligé. « Vous ne pouvez prolonger votre » séjour, me dit-il; j'ai exactement rendu compte

» à M. Périer de l'état dans lequel est votre fils,
» mais il s'inquiète tant de vous savoir ici, que
» je ne sais plus moi-même que lui dire. — Dites-
» lui ce que vous voyez, lui répondis-je; » et je
le menai dans la chambre où mon fils était encore
tout couvert de sang.

Quand il fut parti, je ne pus m'empêcher de
penser que je serais restée des mois entiers sans
que personne se doutât de mon séjour, et plus
ma bonne foi avait été grande, plus je me sentais
blessée de l'espèce de méfiance que j'inspirais.
Qui doutait que je ne fusse sur mer naviguant
vers l'Angleterre? La reine, à laquelle j'avais dit,
en lui racontant tous les détours que j'avais employés pour sauver mon fils, que je détestais le
mensonge et que c'était pourquoi je venais d'excel-
ler à tromper [1], m'avait comprise et me faisait

---

[1] J'expliquais ainsi ma pensée. Quand c'est une affaire que
le mentir, on pèse toutes les plus petites choses; rien n'est
oublié, rien ne nous échappe; c'est une occupation de tous les
instants. Au lieu que les menteurs d'habitude trompent à tort
et à travers, et méprisent jusqu'à l'apparence du vrai.

dire que pour la première fois je l'obligeais à mentir aussi ; car elle avait vu mes amies, entre autre la maréchale Ney, et mon voyage sur mer avait été le sujet de la conversation.

D'un autre côté, au conseil, le ministre Sébastiani avait appris au roi qu'il savait mon arrivée à Corfou ; et avec un intérêt dont je dois lui savoir gré, il avait parlé du grand voyage que j'allais faire sur mer, et demandait s'il ne me serait pas permis de traverser la France. Le roi avait répondu d'un air assez sec: « Laissez-la conti-» nuer son voyage. » M. Périer s'était efforcé de ne pas sourire, et un ministre (M. Barthe, je crois), avait profité de ce thème pour déployer son éloquence et sa rigidité, en disant qu'il existait une loi contre moi ; qu'une loi était une chose sacrée qu'on ne devait jamais enfreindre.

Tous ces petits détails devaient me prouver qu'on me croyait bien loin. Pourquoi donc tant désirer mon départ ?

Sans doute, il y avait quelque mouvement qui se préparait et dont le gouvernement était instruit; mais il était impossible qu'il m'en crût complice. Ne recevant personne, toujours accompagnée d'un domestique de place, qui, sans me connaître, devait sans doute rendre compte de toutes mes démarches, pouvais-je inspirer des soupçons ? D'ailleurs que m'importaient les choses de ce monde ? Ceux qui ont pu imaginer le contraire n'ont donc jamais compris les déchirements d'un cœur maternel.

Le 5 mai, dès le matin, la foule se dirigea vers la colonne. Le peuple y allait silencieux, recueilli ; on y portait des fleurs, on en couronnait les aigles et on en revenait avec une expression qui me parut plutôt douloureuse qu'hostile. C'était un événement curieux dans ma vie de me voir spectatrice d'une telle scène, et j'avoue que je jouissais de ma fenêtre d'être présente à un si touchant souvenir..

....

XII

M. d'Houdetot vint causer une pénible diversion à ces douces impressions et m'en rejeta bien loin. « Madame, me dit-il, il faut partir à l'in-
» stant ; vous ne pouvez demeurer plus longtemps
» ici ; j'ai ordre de vous le dire : à moins qu'il
» n'y ait positivement risque pour la vie de votre
» fils, il faut partir. »

Cette manière d'agir avec moi me fit pitié. C'était en vérité me montrer trop de faiblesse et me faire croire à trop de force de ma part. Quel effroi devais-je causer pour qu'on passât ainsi par-dessus toutes les lois de la bienséance et de l'humanité? J'excusai pourtant un procédé si peu en rapport avec le bon accueil que j'avais reçu, par considération pour la crainte nouvelle qu'avait dû produire tant d'empressement à la colonne. Mais moi, qui n'avais de crainte que pour la santé de mon fils et d'occupation que celle de le soigner, je trouvai cruel que les inquiétudes de la politique vinssent encore me chercher au milieu de ma solitude et de mes nouveaux tourments.

D'ailleurs le sentiment qui se manifestait devant moi ne m'apprenait rien. Pouvais-je douter qu'il ne restât en France des amis de l'Empire? Au lieu d'en profiter, je me cachais à eux, et loin de chercher à fomenter des troubles dans ma patrie, c'était au roi qu'elle avait choisi que j'étais venue me confier. Mais, à ce qu'il paraissait, ma conduite, quoique bien franche, n'était pas parvenue à inspirer de la confiance [1].

---

[1] Lorsque M. Casimir Périer expliqua à la Chambre des députés mon séjour à Paris, il se servit de termes si peu convenables, qu'ils auraient pu me blesser; mais je ne les attribuai

Cependant les sangsues n'avaient pas soulagé mon fils, mais des remèdes plus actifs avaient heureusement diminué l'inflammation de la gorge. J'envoyai chercher le médecin auquel je dis qu'une affaire indispensable m'obligeait à me rendre à Londres, et je lui demandai s'il y avait du danger pour la vie de mon fils à l'emmener.

Il aurait préféré encore quelques jours de convalescence, mais enfin il décida qu'en prenant beaucoup de précautions il pouvait se mettre en

qu'à la surprise et à l'embarras du moment. Et, lorsqu'il ajouta : « *On lui offrit des secours,* » il m'est revenu qu'on croyait généralement que je reçus alors une partie de ce qui m'était dû. Ceci est absolument faux. Après toutes les offres qui m'étaient prodiguées, et l'effroi que je causais, il m'eût été facile d'obtenir ce que j'aurais voulu. Quelles concessions ne m'eût-on pas faites, si j'eusse déclaré ne vouloir partir qu'aux conditions qu'il m'eût convenu de dicter ? J'en étais convaincue ; mais il était au-dessous de mon caractère de me faire accorder par surprise ce que je ne voulais devoir qu'à la justice qui me serait rendue par mon pays, et non à un sentiment de crainte dont il eût été trop peu généreux à moi de profiter. Aussi, lorsque M. Périer dit dans sa famille, ce que son fils répéta à Londres, qu'il m'avait rendu un très-grand service, sans doute il voulait parler de ne m'avoir pas fait arrêter, puisque la loi l'y autorisait.

route le lendemain matin et ne faire qu'une petite journée.

Le 6 mai, j'allai donc coucher à Chantilly.

Le 5 au soir, pendant qu'on faisait mes préparatifs de départ, M. Zappi, qui restait à Paris, nous mena, mademoiselle Masuyer et moi, autour de cette colonne qui avait reçu tant d'hommages dans la journée. On y portait encore des fleurs, et beaucoup de monde l'entourait. Les soldats, placés en dedans de la grille, recevaient les couronnes, et les plaçaient tranquillement. Je m'approchai. Je n'avais rien à donner, et je craignais par là d'être remarquée.

Pas un mot n'interrompait cette espèce de culte, lorsque j'entendis un dispute s'élever entre deux jeunes gens et un homme âgé. Celui-ci soutenait que c'était troubler l'ordre que de manifester de pareils sentiments, et les autres disaient qu'il était tout simple qu'on voulût payer un juste tribut à la mémoire de l'Empereur, et que l'empêcher c'était, au contraire, fomenter le trouble. La dispute s'échauffait; je m'éloignai bien vite, et j'ai appris qu'en effet le lendemain cet hommage défendu excita un désordre qu'un ancien aide de camp de l'empereur crut calmer en jetant de l'eau au peuple.

En quatre jours j'arrivai à Calais; et c'est en m'éloignant de la côte de France qu'une impression bien pénible m'annonça que c'était la patrie que j'avais revue, et dont je me séparais encore. Je croyais n'aimer plus rien en y entrant, parce que je ne pouvais sentir rien d'heureux. Dans un cœur trop affligé, il n'y a plus de place que pour les sentiments douloureux, c'est par eux qu'on sent l'existence. A présent, je quittais mon pays où je possédais des amis que je n'avais pas revus, le tombeau de ma mère que je n'avais pu visiter, celui de mon premier enfant. Tous mes souvenirs de jeunesse, les lieux que j'avais aimés, je quittais tout cela, et j'apprenais par mes regrets à compter ce qui m'était encore cher et ce que j'étais forcée d'abandonner de nouveau.

La mer était affreuse, et j'y fus si malade que ce passage ne fit qu'augmenter la faiblesse de ma tête. J'en fus même inquiète, car j'avais besoin de force d'âme et de corps. Pendant six semaines de suite, j'entendais comme réellement, et constamment, le jour, la nuit, en voyage, et longtemps encore à Londres, un air que jouait d'habitude un orchestre placé au coin du boulevard ; durant mon séjour à Paris, cette musique, que j'entendais si souvent, s'était tellement empreinte dans mon faible cerveau, que j'en étais poursuivie sans relâche.

Mon fils, quoique souffrant beaucoup, avait assez bien supporté le voyage, du moins il ne se plaignait pas ; mais, arrivé à Londres, une jaunisse des plus fortes se déclara.

Nous ne pouvions passer pour des Anglais ; et lorsque, reprenant mon nom dans un hôtel mes domestiques dirent que j'arrivais de Portsmouth, où j'avais débarqué de Malte, cela ne fut mis en doute par personne.

M. Fox, fils de lord Holland, que j'avais vu à Rome, et que je prévins de mon arrivée, fut chargé de dire toute la vérité à son père. Il m'envoya un médecin. Il fallait encore me trouver heureuse, malgré mes nouvelles inquiétudes, que mon fils ne fût attaqué que d'une maladie qu'on ne regarde pas comme dangereuse, après l'imprudence d'un voyage si précipité. Il fut pourtant bien longtemps à se remettre.

Il est impossible de recevoir plus de marques de politesse et d'intérêt qu'on ne m'en prodigua à Londres. Je vis bien là que cette liberté, après laquelle on soupire aujourd'hui avec tant d'ardeur, n'est pas un vain mot.

XIII

L'homme jouit pleinement en Angleterre de son libre arbitre. Il peut être homme avec orgueil, parce qu'aucune petite considération particulière ne vient arrêter un élan de son cœur. Il semble, dans ce pays, que le roi n'ait pas de courtisans, et le peuple de maître ; et pourtant les habitudes aristocratiques y dominent plus que partout ailleurs ; mais chacun est confiant dans sa force et libre de sa volonté.

Tous les jours je sortais avec mon fils. Seuls,

à pied, nous marchions autant que notre faible santé à tous deux pouvait nous le permettre. Les beaux trottoirs, le magnifique éclairage, les jardins si soignés de cette ville immense, déploient un luxe qui est la propriété de tous ; car on n'y voit ni monuments, ni palais, et tout y ferait croire à l'aisance et à l'égalité.

J'entrais quelquefois pour me reposer dans une boutique ; si j'étais reconnue, j'apercevais encore plus d'intérêt que de curiosité. Souvent un simple artisan donnait une poignée de main à mon fils, en lui disant : « Nous sommes de vos amis, main-
» tenant; » un autre ne voulait rien accepter de lui pour un service rendu, heureux d'avoir pu faire quelque chose pour le neveu d'un grand homme. Il semblait, par ces égards, que les Anglais voulussent racheter la honteuse conduite tenue par leur gouvernement envers le prisonnier de Sainte-Hélène, ou bien sentaient-ils enfin que lui, objet si constant des haines de l'aristocratie, était le véritable mandataire des peuples? Les chaînes portées à Sainte-Hélène avaient, sans

contredit, resserré celles qui ne pèsent que trop habituellement sur eux.

Aussitôt après mon arrivée, un ami de M. de Talleyrand était venu me voir. Il s'informa du but de mon voyage et de mes projets. Je dis que j'avais quitté l'Italie à Livourne, et que je comptais retourner en Suisse, probablement par la Belgique, puisque je ne voulais pas nommer la France. Cette réponse rendue au corps diplomatique le mit tout en émoi. J'appris, par une personne à portée de le savoir, qu'on craignait encore plus mon passage à Bruxelles que partout ailleurs. On m'assura que le peuple était là toujours en effervescence, qu'il n'y aurait rien d'extraordinaire qu'il voulût nous proclamer au passage. « Allons, » je n'irai pas par la Belgique, répondis-je, qu'on » se rassure. »

L'ami de M. de Talleyrand vint m'offrir de sa part un passe-port sous un nom supposé, pour traverser le nord de la France. Je fus très-embarrassée, puisque je ne devais pas dire ce qui s'était passé à Paris, et que je ne pouvais pas prendre d'autres engagements. Je répondis qu'ignorant l'obligeance de l'ambassadeur, j'avais déjà écrit au roi des Français pour cette même permission, et que je devais attendre sa réponse.

On mit dans les journaux que j'étais venue à Londres afin d'obtenir des puissances le royaume de Belgique pour mon fils. Il était si ridicule de me voir réclamer une couronne de la Sainte-Alliance, que je souris d'une telle absurdité, malgré mon désir de laisser tomber ce propos comme tant d'autres mensonges si souvent débités sur moi ; mon fils voulut absolument y répondre. Il était révolté de voir qu'on me prêtât toujours des actions et une ambition si contraire à mes goûts et à mon caractère [1]. Moi, j'y étais habituée. Un

[1] Dans une circonstance semblable, mon frère s'emporta un jour pour le même objet avec l'empereur Alexandre, qu'il vit au retour d'un congrès. C'était au sujet des affaires du général Berton que je ne connaissais nullement : « On m'écrit de Paris, dit
» l'Empereur, que c'est votre sœur qui a conduit cette conspi-
» ration. — Qu'on me mette en avant, répondit mon frère avec
» véhémence, cela se conçoit ; je suis homme, militaire, j'ai de
» la fortune ; mais ma sœur, qui n'aspire qu'au repos, qui a du
» courage, il est vrai, plus que toute autre pour supporter l'in-

peu impatiente au commencement du règne des Bourbons, de me voir sans cesse en butte à la calomnie, je m'y étais résignée à la fin. Seulement,

» fortune, et dont les conseils sont à la hauteur de toute circon-
» stance, car sa raison et son cœur me sont connus, la supposer
» intrigante, c'est se complaire dans l'absurde, et je ne conçois
» pas que vos ambassadeurs s'amusent à vous envoyer de sem-
» blables sornettes ! — On les a trompés, sans doute, dit l'Em-
» pereur Alexandre ; mais où sont donc passés les millions de
» l'empereur Napoléon ? » Mon frère put lui apprendre ce que tout le monde savait, que jamais il ne me fut tenu compte ni de ce qui m'était dû personnellement, ni des cinq millions annuels que la France reçut pendant cinq années du grand-duché de Berg pour le compte de mon fils aîné, qui en était souverain reconnu, et que la vente de nos diamants et de nos objets d'art avait seule composé la faible fortune qui restait à la famille de l'Empereur, comme à moi. Il eût pu ajouter que le trésor public étant embarrassé, celui de l'Empereur servit en 1814 à équiper toute l'armée qui allait combattre contre l'Europe réunie, et que les dix millions qui restaient et qui suivaient la retraite sur Blois, furent pris par les Cosaques, et ramenés au gouvernement provisoire à Paris, dont quelques membres se les partagèrent. A Blois, on avait payé sur ce trésor particulier de l'Empereur une partie des traitements dus à ceux qui suivaient la retraite. M. Mollien, ministre des finances alors, craignant de se compromettre, ne fit pas dire à ma mère et à moi que six cent mille francs, qui nous revenaient, avaient été déposés chez le receveur général de Blois (M. Lefebvre). Cette somme fut remise au duc d'Angoulême, qui ne la rendit jamais.

j'étais contrariée de devoir paraître fausse, puisque toute ma personne, d'accord avec ma conduite et mes paroles, l'était si peu avec le rôle qu'on me faisait jouer. Sans doute, la femme qu'on représentait remplie d'énergie, d'esprit et de caractère, m'eût été supérieure ; mais ce n'était pas moi, et je n'aime pas à tromper. J'aurais pu en vouloir à mes compatriotes d'avoir tant accumulé de faussetés sur mon compte ; mais quand il existe dans le cœur ce sentiment d'amour qu'on veut répandre sur l'humanité entière, l'indulgence devient indispensable. Il faut toujours excuser ce qu'on a besoin de toujours aimer. Aussi je ne veux me rappeler de la France que ce temps de jeunesse où la bienveillance générale et l'affection m'environnaient. J'oublie tout le reste.

On se rassura enfin sur notre passage en Belgique, et je n'entendis plus parler de rien.

Je fis connaissance à Londres avec lady Holland, qui me raconta la peine qu'elle avait eue à envoyer à l'empereur Napoléon tous les petits souvenirs qui avaient adouci son exil, et dont l'envoi lui était reproché comme un crime par le ministère d'alors ; le roi surtout ne le lui pardonna pas.

En général, tout ce que j'entendais dire du roi Georges IV, prouvait à quel point son caractère était médiocre. Ennemi constant de l'Empereur, cela se conçoit ; mais jaloux de sa personne, de ses talents militaires, comme on m'a assuré qu'il l'était, cela ne se conçoit pas. Son peu de magnanimité pour un illustre malheur qui vint se confier à lui, sera toujours une tache pour sa mémoire.

Lord Holland réunit à la physionomie la plus fine et la plus spirituelle, la bonhomie d'un homme qui ne serait que bon. Seul dans le secret du voyage que je venais de faire, il m'assura qu'à présent, le ministère anglais, dont il faisait partie, ne s'opposerait plus à la fin de l'exil de la famille de l'Empereur. Cela me prouvait que c'était toujours une question étrangère. Je lui dis avec tristesse que le souvenir que l'on avait conservé de nous en France était bien

affaibli : « le peuple seul s'en souvient, » ajoutai-je.
— Alors, avec son sourire doux et fin, il s'écria :
« C'est bien quelque chose. »

Je vis aussi lady Grey qui me plut extrêmement. Elle paraît douce, gracieuse, sensible. Tout entière aux soins de sa famille, les sarcasmes des antagonistes de son mari la font toujours trembler. Elle semble aspirer à moins de puissance et à plus de tranquillité. Pour lui, fort de sa conscience et de ses talents, il a, dit-on, beaucoup de fermeté, et le calme de l'homme qui aspire à faire le bien.

J'eus du plaisir à voir le général Wilson et M. Bruce, qui avaient si noblement secouru M. Lavalette. Ils m'amenèrent leur intéressante famille.

La comtesse Glengall, que j'avais connue à la paix d'Amiens, voulait me faire les honneurs du pays ; elle me montra le plus grand intérêt.

Il me faudrait citer presque toute la haute société de Londres et les personnes les plus distinguées, si je voulais nommer toutes celles qui s'empressaient de me rechercher et de m'accueillir ; j'en fus touchée. Quant à la famille de l'Anglais qui m'avait été si utile à Florence, on doit penser avec quelle sensibilité je vis sa mère, et je lui appris le service que son fils venait de me rendre.

La duchesse de Bedford, avec laquelle j'avais été fort liée à l'époque de la paix d'Amiens, vint me voir aussitôt après son arrivée ; elle m'offrit ses services ; si j'eusse voulu, j'aurais eu tous les jours une fête à accepter. Je n'étais occupée qu'à refuser les invitations, et je ne sortais pas de chez moi. Toute à la douleur, qui ne pouvait trouver de distraction que par les soins que nécessitait la santé de mon fils, les plaisirs que m'eût offerts le monde étaient trop peu en rapport avec l'état de mon âme.

Je trouvai à Londres le fils de Murat, qui arrivait d'Amérique avec sa jeune femme. C'est un homme distingué par son caractère et par le courage qu'il a mis à vaincre la mauvaise fortune et à se créer une indépendance. Un jour il se faisait avocat, une autre fois cultivateur, et, sans fortune, c'est à lui seul qu'il a dû son existence. Ses opinions sont toutes républicaines [1],

---

[1] Comment se fait-il que la jeunesse élevée dans les principes de l'empire, ait toute des idées vraiment libérales, idées que l'exil a encore fortifiées dans ceux qui en sont frappés? C'est qu'elles entraient dans les mœurs d'alors. Un titre semblait comme un ruban, une récompense. Qui eût osé s'en faire un droit? Noble ou non, on n'appréciait que le mérite personnel. On ne parlait pas de liberté, mais les prisons étaient vides; on donnait des titres, mais l'égalité la plus parfaite régnait partout; et chacun (même les plus proches parents de l'Empereur et de l'Impératrice), commençait par être soldat.

Sous la Restauration, au contraire, on ne s'occupa que de liberté, et les funestes réactions reparurent; toutes les prérogatives de la noblesse, sans être un droit, devinrent un fait; on fut nommé colonel, général, sans avoir combattu, et les titres devinrent de tant de valeur, que surtout ceux qui les portaient nouvellement se crurent obligés, pour paraître *anciens*, de renier leur origine.

N'ai-je pas vu refuser à mes enfants ces titres d'élection toute populaire, qui furent inscrits sur leur extrait de baptême comme dans les fastes de la gloire française, et dont eux seuls ne faisaient aucun cas, se trouvant assez fiers d'être Français et Napoléon? et croirait-on que ce fut souvent ceux qui n'auraient jamais été rois, ducs ou princes sans l'Empereur, qui ne reconnaissaient pas la validité de ces actes? C'était, sans doute, pour complaire aux Bourbons, qui reniaient pour la France dix-neuf années de puissance dont elle les avait frustrés. Aussi le conte mais j'aurais voulu qu'il eût été élevé à se rappeler davantage qu'il était Français et qu'il n'était devenu prince de Naples que par la grâce de la France et de l'Empereur.

répandu sur mon frère, qu'il s'était fait présenter à Louis XVIII sous le titre de marquis de Beauharnais au lieu de celui de prince Eugène, n'a pu être inventé que par ceux qui voulaient anéantir tout souvenir du passé, et s'étayaient du caractère le plus noble et le plus pur pour lui faire commettre un tel manque de dignité comme de politique.

XIV

Je reçus à Londres une visite qui me toucha extrêmement, une ancienne amie de jeunesse, la duchesse de Frioul. Frappée comme moi d'un malheur irréparable, toujours inconsolable de la perte d'une fille unique âgée de dix-sept ans, remplie de toutes les qualités, et laissant par sa mort sa mère absolument isolée sur cette terre, elle venait partager ma douleur et pleurer avec moi. Le général Fabvier, brave militaire, apprécié en Grèce comme en France, lui avait donné des soins dans son malheur; il l'accompagnait. Elle me fit part de son mariage avec lui et du bonheur qu'ils avaient tous deux à venir m'apporter leurs consolations. Je les ressentis vivement, il est vrai.

De ce moment, je commençai à sortir un peu. Je ne voulais pas que leur voyage se passât sans qu'ils eussent au moins une idée de Londres, et je me fis une obligation d'aller avec eux pour la première fois voir quelques curiosités: la tour de Londres, Woolwich, Richmond, le tunnel, etc. Mais comme nous nous faisions un égal effort, après avoir vu la chose même la plus curieuse, nous disions: « C'est enfin terminé! » Et comme si nous venions en effet de remplir un devoir pénible, nous avions l'air de respirer.

Nous fîmes quinze milles pour aller jusqu'à Hampton-Court, demeure historique qui pouvait le plus piquer notre curiosité. On attendait trop longtemps pour trouver le concierge; d'un commun accord nous retournâmes sans avoir rien vu. Ce n'est pas avec tant d'indifférence que je visitais autrefois les lieux intéressants. Mais, comme je l'ai dit déjà, un cœur trop frappé se désintéresse de tout, et c'est parce qu'on finit par se désintéresser de soi-même qu'on se résigne à la douleur.

Après huit jours, la duchesse de Frioul me quitta, espérant me revoir bientôt.

J'avais écrit au roi comme c'était convenu. Il m'avait répondu que M. de Talleyrand recevait l'ordre de me donner un passe-port. La duchesse de Dino était venue me l'annoncer. Elle fut spirituelle et gracieuse comme je l'avais toujours vue.

Le prince Léopold, une de mes anciennes connaissances, vint me faire une visite. Il me parla de ses malheurs et de la douce distraction qu'il trouverait à s'occuper du bonheur des peuples, du trône de la Grèce qui lui avait paru désirable par le bien qu'on y pouvait faire, et de celui de Belgique qui venait de lui être offert. En me quittant il me dit en riant : « Vous ne me pren- » drez pas mon royaume en passant, n'est-ce » pas ? » Cette plaisanterie, et ce qu'on m'avait dit, m'annonçaient des idées que je n'ai jamais pu m'expliquer.

J'allais bientôt quitter Londres, quand j'appris que la duchesse de Berry venait d'arriver. Me supposant les mêmes idées qu'à elle et le même courage entreprenant, elle s'était rendue de Bath à Londres aussitôt qu'elle fut instruite de mon arrivée, pour s'informer du sujet qui m'amenait en Angleterre. Une personne que j'avais connue en Allemagne lui avait rendu des services. La duchesse l'avait prise pour confidente et de son animosité contre Louis-Philippe, et de son intention d'aller en France où ses partisans l'appelaient. On croyait qu'elle s'y rendait tout de suite. Les journaux de son parti, effrayés de cette disparition, pour donner le change au gouvernement sur les projets de la duchesse de Berry, en l'inquiétant sur mon compte, affirmèrent que j'étais venue à Paris et que j'y étais encore cachée. Mme de Flahaut l'écrivit à lady Grey[1] comme une chose

---

[1] Madame de Flahaut n'écrivit que dans un sentiment d'intérêt pour moi ; car, pendant mon voyage, me croyant à Corfou

qui se répandait beaucoup, et qu'à la dernière émeute on avait crue probable.

Me voilà donc encore l'objet des craintes, moi si contraire à toute idée d'intrigue, moi qui ne crois pas que l'on puisse apprécier ni conserver un pouvoir qui n'est pas donné par l'affection et l'assentiment de tous. Me supposer l'intention d'aller le chercher en aventurière, c'était bien peu me connaître [1].

ou à Malte, et les commandants de ces lieux étant ses cousins, elle et son mari s'occupèrent avec la plus touchante sollicitude de me recommander à eux.

[1] Je ne comprenais pas qu'après la révolution faite en juillet, révolution qu'on ne pouvait pas du moins, cette fois, supposer être mon ouvrage, je pusse encore inspirer des craintes. Les trésors qu'on m'attribuait devaient être épuisés depuis le temps qu'on me faisait en user si largement ; mais les passions n'ont ni sang-froid, ni jugement, et j'ai pensé souvent que si les peuples avaient encore besoin de perfectionner leur éducation politique pour arriver à cette liberté complète que tout homme a le droit de réclamer, les gouvernements ont encore plus besoin d'apprendre à discerner la vérité d'avec le mensonge, et l'attachement à leur cause d'avec la délation qui en affecte tous les dehors. N'ai-je pas vu, pendant quinze ans, les ministres français, en Suisse, s'inquiéter outre mesure de la plus petite chose qui me concernait, et chercher sans cesse à accumuler sur moi

De telles idées ne viennent qu'aux princesses élevées à croire qu'une nation est une propriété particulière, et qu'il entre dans les devoirs d'une mère de ressaisir par la force un pays qui appartient à son fils. Cela pouvait *donc se concevoir* d'une autre, mais pas de moi.

Afin de faire tomber ces bruits, j'allai me montrer à un déjeuner chez la duchesse de Bedford. Le jardin était rempli de toute la haute société de Londres. Je n'ai jamais vu autant de jo-

de nouveaux ennuis ? Un visite que je recevais de mon frère devenait un événement capable de bouleverser l'Europe ; le plus simple particulier qui passait au pied de ma montagne était toujours un général français déguisé, les pauvres marchands forains autant d'émissaires. Il est vrai que M. Auguste de Talleyrand et M. Demoustiers, successivement ministres de France en Suisse, avaient tous les deux servi l'Empereur avec zèle, et qu'ils pouvaient croire avoir besoin d'inquiéter sur moi, pour rassurer sur eux. Des intrigues et des complots supposés à propos pour se donner le mérite de les déjouer ensuite, sont en effet de ces moyens qu'ont de tous temps employés les ambitieux subalternes de toutes les espèces pour se rendre plus nécessaires au pouvoir. Un ministre de Bavière à Berne, M. Aubry, secondait parfaitement les ministres de France ; leurs menées m'ont souvent fait sourire de pitié, et cet excellent vieux roi de Bavière, qui associait si bien en lui le double caractère d'une antique royauté palies femmes. La maîtresse de la maison fut parfaitement gracieuse pour moi ; elle insista beaucoup pour me faire voir sa terre, un des lieux les plus beaux de l'Angleterre, et où je pourrais juger des agréments de leur vie de château.

Chacun mettait une sorte d'amour-propre à me donner une idée de cette splendeur inconnue ailleurs. J'y consentis donc, et j'allai avec mon fils et ma dame à Wooburn-Abbey, lieu situé à quarante milles de Londres. La duchesse quitta un bal, voyagea la nuit pour venir me recevoir,

---

triarcale et d'une simplicité citoyenne, et dont la protection avait toujours l'air d'une affection paternelle, était souvent le premier à s'égayer avec moi de tant de rêves ombrageux dont j'étais l'objet, et dont mieux qu'un autre il connaissait toute l'absurdité. Je dois rendre justice à MM. de Rayneval et de Rumigny ; ils ont trop bien réussi en Suisse, et leur caractère est trop noble pour avoir eu besoin de tels manéges ; pour moi, je suis convaincue que les polices ne servent guère qu'à entretenir les craintes, les erreurs, les méfiances, et jamais à déjouer une insurrection. La vérité ne se sait que par la confiance ; aussi l'homme qu'un souverain autorise, pour ainsi dire, à pénétrer dans le secret des familles, devrait toujours être l'homme le plus moral du pays.

et retourna le lendemain pour retrouver un autre bal ; car à cette époque Londres est si brillant que jamais la société de Paris n'a occasion de se livrer à tant d'agitation.

Il n'y avait en étrangers à Wooburn-Abbey, que M. Fox et Hamilton. Un souverain seul peut réunir les soins, l'élégance et le luxe qu'on trouve répandus dans les châteaux des grands seigneurs anglais. La duchesse de Bedford fait les honneurs de chez elle avec toute la grâce possible. Elle me montra son village, son école, son hôpital ; enfin je vis tout ce que la fortune offre de jouissances, surtout par les bienfaits qu'elle permet de répandre. L'aristocratie se ferait chérir et pardonner peut-être ses avantages, si elle était toujours aussi protectrice.

Ce qui me touchait le plus dans tout ce que je voyais en Angleterre, c'est que l'aisance se montre partout. On pourrait se demander où sont les pauvres ? Il y en a, dit-on, beaucoup ; mais l'habillement de chacun, comme le soin apporté à toutes les habitations, en ferait douter.

Je revins satisfaite de mon voyage ; mais tout effort m'étant nuisible, je fus attaquée au retour d'une fièvre nerveuse dans la tête. Depuis deux heures de l'après-midi jusqu'à neuf heures du soir, j'éprouvais au front une douleur des plus vives qui se calmait après.

J'ai oublié de dire qu'un courrier arrivé de France à l'ambassade française à Londres, avait apporté l'ordre de ne pas me délivrer de passe-port (c'était lors de la dernière émeute) ; et me voilà obligée de rester en Angleterre, ne sachant pas où passer pour retourner chez moi. Le repos m'était pourtant bien nécessaire.

Je me décidai à aller à Tunbridge-Wells pour essayer si les eaux guériraient les douleurs dont je souffrais.

Je n'étais pas fâchée non plus que mon fils s'éloignât de Londres. Tant qu'il avait espéré que le gouvernement français suivrait la route des intérêts populaires, il avait désiré servir sa patrie. On le lui eût proposé dans ce moment qu'il l'aurait refusé, car il ne pouvait s'associer à ce qu'il blâmait, et chaque nouvelle concession faite aux ennemis de son pays l'exaspérait au point que je redoutais l'effet qu'une telle disposition pouvait produire.

Depuis notre arrivée, des émissaires envoyés de France, vrais ou faux, venaient l'engager à se montrer à Paris ou en province. Sa vue, son nom, devaient, disait-on, électriser tout le monde en faveur de son cousin duc de Reichstadt. C'était sans doute ainsi que les partisans de la duchesse de Berry lui parlaient de leur côté.

XV

L'opinion généralement répandue alors en France, comme en Angleterre, était que le gouvernement ne pouvait se soutenir, qu'il n'avait aucun appui; et les amis de l'Empire assuraient qu'il était à la veille de sa chute, et qu'il était plus que jamais question de Napoléon II ; car les partisans de la légitimité faisaient beaucoup d'efforts, quoiqu'ils ne fussent pas ceux qui avaient le plus de chances.

Quant aux républicains, ils doutaient du peuple

et de l'armée, et commençaient à sentir qu'avec un Napoléon seul ils pouvaient avoir des institutions républicaines. C'est là du moins ce que chacun écrivait ou envoyait dire.

Mon fils avait répondu aux diverses avances qui lui avaient été faites, qu'il appartenait à la France, n'importe comment ; qu'il venait de le prouver puisqu'il avait demandé à la servir, et que, quoique repoussé, ce n'était pas à lui à aller décider par la force les désirs d'une nation dont il voulait toujours respecter les décrets [1]. Sa réponse était l'expression de ses sentiments ; mais il arrivait tant de personnes l'une après l'autre, et j'avais une si grande frayeur des intrigues, que je fus bien aise de m'éloigner.

Avant de partir pour Tunbridge-Wells, j'avais appris que l'ordre de me délivrer mon passe-port était revenu. Je comptais donc partir de là ; mais,

---

[1] J'ai appris depuis que le duc de Reichstadt avait répondu à ceux qui l'engageaient à venir se présenter seul à la France : « Mais je ne puis y rentrer en aventurier ; que la nation m'ap- » pelle, et je trouverai bien le moyen d'y arriver. »

loin d'obtenir ce passe-port, je reçus des insinuations toutes différentes ; lady *** ¹ me dit qu'on pourrait soupçonner ma bonne foi, si l'on me voyait passer en France avant l'anniversaire de juillet ; qu'il était tout simple que le ministère français ne me confiât pas ses inquiétudes, mais qu'on espérait de ma loyauté la prolongation de mon séjour en Angleterre jusqu'à la fin de juillet.

Ne sachant plus à qui entendre, j'écrivis à M. d'Houdetot pour savoir à quoi m'en tenir, et j'allai attendre sa réponse à Tunbridge. Je me vis entourée là de ces jeunes filles anglaises qui disposent seules de leur vie, de leur conduite, toutes remplies de talents, d'instruction, parlant parfaitement le français. J'étais une occupation et un intérêt pour elles dans ce lieu si isolé, dans le moment où Londres absorbe tous les plaisirs, et elles furent une aimable distraction pour moi.

¹ Lady *** était peut-être, en cela, l'organe de l'ambassade française.

Les bains me guérirent ; ce calme produisit une détente dans mes nerfs qui fut peut-être favorable à ma santé. Je pleurai beaucoup, ce que je n'avais pas encore fait depuis mon malheur ; mais ce retour à un état moins forcé me fit éprouver là aussi le plus entier découragement, et je manquai y succomber. J'étais au bout de mon courage. J'eus un moment de désespoir qui me rendit bien malade ; mais le sort voulait que je vécusse encore.

Je retournai à Londres pour y voir ma nièce qui, épouse de l'empereur du Brésil, venait avec lui chercher un asile en Europe.

M. d'Houdetot ne m'avait pas répondu. M. de Talleyrand m'avait envoyé mes passe-ports le 1er août, en m'écrivant une lettre fort polie. Il n'était plus question de Vichy. Je voulais seulement me rendre le plus tôt possible chez moi, et j'ignorais si l'on comptait toujours me voir passer par Paris, ainsi que le roi et M. Casimir Périer l'avaient arrangé ensemble. Je sentais que pour ma tranquillité à venir ce voyage était peut-être nécessaire, car je ne demandais plus aux divers gouvernements que de me laisser respirer sans tourments, sans soupçons ; et pour qu'on n'usât pas de mon nom, peut-être fallait-il cette démarche ostensible qui l'annulait, pour ainsi dire, aux yeux de ceux qui auraient voulu s'en servir. Il me tardait de gagner ma paisible retraite; j'étais fatiguée surtout de la vie de ce monde, où, en échange de ce tendre intérêt que m'inspire toujours le malheur, de ce besoin constant de le soulager, je n'avais reçu pour les miens que froide indifférence, injustice et calomnie.

Le silence de M. d'Houdetot prouvait de l'embarras, mais me laissait libre de faire tout ce qui était convenu. Je balançais encore ; mon incertitude cessa, lorsque mon fils me dit : « Si nous » allons à Paris, et si je vois sabrer le peuple » devant moi, certainement je ne résisterai pas » à aller me mettre de son côté. » Cela m'en disait assez pour que je n'allasse pas le placer dans une telle position.

Je quittai donc l'Angleterre, décidée à tourner

Paris sans y entrer. Les troupes françaises s'avançaient en Belgique. Je m'embarquai le 7 août. La mer était calme, la traversée fut très-heureuse. M. Adair était dans le même bateau à vapeur, et il se fit présenter à moi. Il allait comme envoyé extraordinaire en Belgique et suivait de peu de jours le roi Léopold.

Je débarquai à Calais. M. Adair me donna le bras jusqu'à l'auberge et partit. Le nom qu'on avait mis sur mon passe-port était celui de ma campagne en Suisse ; aussi me trouvai-je dans le plus grand incognito. Je voulus en profiter pour faire voir à mon fils les lieux les plus remarquables par eux-mêmes, comme par mes souvenirs.

Boulogne ne pouvait être oublié. C'était là qu'à une des plus brillantes époques de l'empire j'avais assisté à ces fêtes militaires au milieu desquelles l'Empereur se préparait à marcher à des dangers nouveaux, et peut-être aussi à une gloire nouvelle. J'ai retracé, dans des mémoires [1] qui

---

[1] Ceux qui viennent d'être publiés sur moi par un prétendu baron Van Scheelten sont entièrement faux.

ne sont pas destinés à voir le jour, quelques souvenirs de ces temps poétiques. L'aspect de ces mêmes lieux, interdits aujourd'hui à ceux qui se félicitaient alors de n'avoir dû leur grandeur qu'à la grandeur du pays, me reporta vers le passé, et cette bizarrerie de ma destinée, qui me ramène au même endroit dans des positions si différentes, m'engage à extraire un fragment de mes Mémoires ; c'est donner une preuve de la fragilité de ces grandeurs qu'il peut être curieux de voir retracer ici :

« L'Empereur était revenu d'Italie. La belle
» cérémonie de la distribution des croix de la
» Légion d'honneur, à laquelle j'avais assisté,
» s'était faite avant son départ; il se rendit à
» Boulogne et en fit une seconde distribution à
» toute l'armée le jour de sa fête. Il avait nom-
» mé mon mari général de l'armée de réserve, et
» lui envoya un courrier pour l'engager, ainsi
» que moi, à venir voir le camp de Boulogne et
» à amener notre fils Napoléon. Mon mari ne

» voulut pas interrompre les bains qu'il prenait à
» Saint-Arnaud; mais il m'engagea à aller passer
» huit jours près de l'Empereur. »

. . . .

. . . .

» Je partis seule avec mon fils et ma maison
» d'honneur.

» L'Empereur habitait près de Boulogne une
» petite campagne appelée le Pont de Brique. Sa
» sœur Caroline et Murat en occupaient une autre
» près de là. Je logeais chez eux et nous allions
» tous les jours dîner avec l'Empereur. Depuis
» deux ans nos troupes s'étaient concentrées en
» face de l'Angleterre, et chacun s'attendait à une
» descente. Les camps qui environnaient Bou-
» logne étaient placés au bord de la mer et res-
» semblaient à une ville longue et alignée. Chaque
» baraque avait un petit jardin, des fleurs, des
» oiseaux. Près de la tour d'Ordre dominait la
» baraque destinée à l'Empereur, celle du ma-
» réchal Berthier venait après. Tous les bateaux

» plats; rangés dans les différents ports, atten-
» daient le signal du départ. Dans le lointain on
» apercevait l'Angleterre, et ses beaux vaisseaux
» en croisière devant la côte semblaient former
» une barrière impénétrable. L'impression que
» causait ce spectacle faisait naître l'idée d'une
» grandeur inconnue jusqu'alors. Tout y parlait
» à l'imagination. Cette mer immense allait de-
» venir un champ de bataille et engloutir peut-
» être l'élite de deux grandes nations. Nos troupes,
» fières de ne pas connaître de revers, impatientes
» d'un repos de deux années, brûlantes d'énergie
» et de valeur, croyaient déjà atteindre la rive
» opposée. Leur assurance, mêlée à tant d'ardeur,
» donnait l'espoir du succès ; mais tout à coup
» la vue de tant d'obstacles, la crainte de tant de
» dangers venaient troubler cet espoir et resser-
» rer le cœur par un effroi involontaire. Au reste
» rien ne semblait plus manquer à cette expédi-
» tion qu'un vent favorable.

» De tous les honneurs qu'une femme peut re-
» cevoir, ceux que rendent les militaires ont

» toujours quelque chose de plus chevaleresque
» dont il est difficile de ne pas être flattée. Au-
» cune circonstance, je crois, n'avait rien réuni
» de plus imposant et de plus magnifique que
» les hommages dont j'étais environnée ; aussi
» est-ce la seule occasion où ils me firent im-
» pression.

» L'Empereur me donna, pour m'accompagner,
» son écuyer le général Defrance. Je n'allais pas
» visiter un camp, qu'aussitôt il ne fût sous les
» armes, manœuvrant devant moi. Je demandais
» la grâce de quelques militaires punis pour quel-
» que faute de discipline, et j'étais accueillie par
» le plus vif enthousiasme. Tous les états-majors
» à cheval escortaient ma voiture, et partout une
» musique brillante annonçait mon arrivée. Pour
» la première fois, je vis à une de ces revues une
» urne portée en bandoulière par un grenadier ;
» on m'apprit que l'Empereur, pour honorer la
» mémoire du brave Latour-d'Auvergne [1], avait

[1] M. Latour-d'Auvergne, de la famille de l'illustre Turenne, distingué sous tous les rapports et d'une bravoure à toute

» confié au plus ancien soldat du régiment son
» cœur renfermé dans une boîte de plomb, et or-
» donné que son nom serait toujours prononcé à
» l'appel comme s'il était présent. Celui qui le
» portait répondait : *Mort au champ d'honneur.*

» Un jour, on me donna un déjeuner au camp
» d'Ambleteuse. Je voulus y aller par mer ; mal-
» gré le vent contraire, l'amiral me conduisit.
» Je vis les Anglais, et passai si près d'eux qu'ils
» auraient pu facilement s'emparer de notre yacht.
» J'allai aussi visiter les Hollandais commandés
» par l'amiral Verhuell [1]. Ils me reçurent avec
» de grands *hourras,* aussi éloignés que moi de se
» douter qu'un an après je serais leur reine. Une
» autre fois l'Empereur fit une petite guerre : les
» Anglais, inquiets d'apercevoir tant de troupes

épreuve, n'avait jamais voulu accepter aucun grade dans l'armée. L'Empereur l'avait nommé le premier grenadier de France ; il périt près de Neubourg. Mon frère, depuis la paix, avait fait relever le simple monument qui indiquait son tombeau.

[1] Les Hollandais, pour arriver au port d'Ambleteuse qui leur était assigné, avaient soutenu contre la flottille anglaise un combat qui leur fit le plus grand honneur.

» rassemblées, s'avancèrent fort près de la côte;
» ils tirèrent même quelques coups de canon ; et
» l'Empereur, toujours placé à la tête de ses co-
» lonnes françaises pendant qu'elles tiraient aussi,
» se trouvait entre deux feux. Comme nous l'a-
» vions suivi, il nous fallut y rester. Mon fils
» n'eut pas la moindre frayeur, ce qui fit grand
» plaisir à son oncle. Mais les généraux trem-
» blaient de voir l'Empereur s'exposer ainsi : la
» baguette d'un maladroit pouvait lui être aussi
» funeste qu'une balle.

» Une chose qui me frappait au milieu de ce
» spectacle imposant, c'était le contraste de ces
» troupes si remplie de vaillance, effroi de l'en-
» nemi lorsqu'elles étaient en campagne, et, vues
» en repos, ne représentant plus que des enfants
» faciles à conduire, s'amusant d'un oiseau comme
» d'une fleur. L'intrépide guerrier n'était souvent
» là qu'un modeste écolier. A ce déjeuner d'Am-
» bleteuse que le maréchal Davoust me donna sous
» la tente, des grenadiers avaient appris des cou-
» plets, et venaient, avec la timidité d'une jeune

» fille, les chanter autour de ma table. J'étais
» surprise de leur tenue embarrassée, de leur air
» gauche et craintif en chantant la descente en
» Angleterre, car le dernier vers de la chanson
» disait, s'il m'en souvient :

> » Que traverser le détroit
> » Ce n'était pas la mer à boire.

» Souvent, du salon de l'Empereur, nous voyions
» les soldats de sa garde se rassembler sur la pe-
» louse autour du château ; l'un d'eux prenait
» un violon et donnait une leçon de danse à ses
» camarades. Les commençants étudiaient *des je-*
» *tés, des assemblés,* avec la plus grande atten-
» tion ; les plus savants achevaient la contredanse
» entière. Cela nous amusait beaucoup de les re-
» garder derrière la jalousie. L'empereur qui
» nous surprenait quelquefois dans cette occupa-
» tion, riait avec nous, et semblait jouir aussi de
» leurs innocents plaisirs.

» Le projet de descente en Angleterre était-il
» sérieux ? L'Empereur voulait-il, par ces immen-

» ses préparatifs, détourner l'attention et la fixer
» sur ce point? Je l'ignore. C'est encore là une
» de ces questions que je ne me permets pas de
» décider; ici, comme ailleurs, je rapporterai ce
» que j'ai vu.

» La maréchale Ney me donna une fort belle
» fête à Montreuil, où son mari commandait. La
» matinée fut employée à faire manœuvrer les
» troupes devant moi ; le soir il y eut un bal qui
» fut tout à coup interrompu par la nouvelle que
» l'Empereur venait de s'embarquer. L'alerte fut
» générale ; chacun de fuir et de se désespérer
» d'être au bal lorsqu'on passait en Angleterre.
» Une foule de jeunes officiers, présents à cette
» fête, se précipitaient sur la route de Boulogne
» que je parcourus comme eux avec la rapidité de
» l'éclair, toujours escortée du général Defrance
» qui brûlait d'impatience de se retrouver près de
» l'Empereur. J'éprouvais moi-même une émotion
» inexprimable à l'idée qu'une si grande affaire
» allait se décider sous mes yeux. Je me figurais
» déjà voir de la tour d'Ordre le combat, et nos

» flottilles enfoncées disparaître sous les flots.
» J'en frémissais d'avance. Enfin j'arrive ; je de-
» mande l'Empereur, et j'apprends qu'il avait en
» effet présidé à l'embarquement de tous les
» camps pendant la nuit ; mais qu'il venait de
» rentrer. Je ne le vis qu'au dîner, où il ques-
» tionna le prince Joseph, alors colonel d'un ré-
» giment, sur l'idée qu'il avait eue de ce faux em-
» barquement, sur l'effet qu'il avait produit et
» sur le temps qu'il avait duré. Joseph affirma
» que tout le monde avait cru que c'était un dé-
» part réel, et que les soldats, n'en doutant pas,
» avaient vendu leurs montres. L'Empereur de-
» mandait aussi fort souvent si le télégraphe an-
» nonçait la vue d'une escadre françaîs, à bord
» de laquelle se trouvait son aide de camp Lau-
» riston ; il avait tout l'air de n'attendre que son
» arrivée et un vent favorable pour faire sortir
» les flottilles.

» Les huit jours accordés par mon mari étant
» expirés, je pris congé de l'Empereur. Je pas-
» sai par Calais, par Dunkerque ; partout je vis

» les troupes défiler devant moi, et je laissai cette
» belle armée avec autant de regret que d'effroi,
» en songeant que quelques jours après elle serait
» peut-être exposée aux plus grands périls.......

» Nous attendions chaque jour, à Saint-Amand,
» la nouvelle du passage en Angleterre, lorsque
» nous vîmes toutes les troupes arriver où nous
» étions, et se porter à marches forcées sur le
» Rhin. L'Autriche avait rompu la paix. Nous re-
» vînmes aussitôt à Pais, afin de revoir encore
» l'Empereur avant son départ pour l'Allemagne. »

....

Ces camps si magnifiques, où j'avais vu ces troupes si animées du désir d'aller vaincre les Anglais, et pour lesquelles tout paraissait facile ; ce chef tant de fois victorieux et qui alors était environné de tant de gloire !... maintenant tout avait disparu, il n'en restait plus rien..............
Une seule colonne rappelait ce temps merveilleux. Elle fut élevée sous l'Empire, et l'on y mit depuis le nom de Louis XVIII......................

....

XVI

Je montai jusqu'au haut de cette colonne, et là j'expliquai à mon fils où étaient les différents camps, la baraque de l'Empereur, la tour d'Ordre, le lieu où fut placé son trône, et où, pour la première fois, il distribua à cette armée la croix de la Légion d'honneur, objet de tant de vœux.

Pendant que je parlais, une dame et deux messieurs vinrent se placer à côté moi. Je m'arrêtai. Ils avaient déjà entendu quelques parties de ma description, qu'il me prièrent de répéter. Je le fis avec plaisir, et le soir, quand je les rencontrai à Boulogne, se promenant au bord de la mer, ils s'approchèrent avec empressement de moi, me dirent que j'avais été le sujet de leur conversation de toute la journée, et que le récit que je leur avais fait d'un temps si glorieux, les avait on ne peut pas plus intéressés. Ils arrivaient de Paris, parlaient des émentes en riant, et de la diversité des opinions qui partageaient la France. Ils nous apprirent une plaisanterie qui circulait dans les salons à leur départ, et qui pouvait mettre tous les partis d'accord. C'était de faire de la France une république avec trois consuls, le duc de Reichstadt, le duc d'Orléans et le duc de Bordeaux; voilà, disaient-ils, le seul moyen de satisfaire tout le monde; « mais, ajoutèrent-ils » en riant, le premier consul pourrait bien finir » par se faire empereur et l'emporter sur les deux » autres. » Je n'ai jamais su quelles étaient ces personnes, et si elles m'avaient reconnue.

Depuis seize ans que je vivais en pays étranger, je n'avais parlé ma langue qu'avec les personnes de la société que je voyais. J'étais donc forcée de demeurer indifférente à tout ce qui se passait autour de moi. A présent, pendant mon voyage je jouissais d'entendre tout ce que disait le peuple dans les villes, les paysans dans les campagnes. Je n'étais plus étrangère ici, et cette idée était remplie de douceur.

Aussitôt arrivée dans mon auberge, j'allais à pied avec mon fils, j'entrais dans une boutique, je m'asseyais, je trouvais du plaisir à causer avec tout le monde; un autre jour, c'était dans la rue même que j'arrêtais un enfant, que je le caressais, que je questionnais ses parents sur ses études, et, dans la campagne, un cultivateur sur sa récolte. Je trouvais à chacun de l'esprit, des reparties vives et originales, et j'éprouvais une sorte de satisfaction à m'identifier aux intérêts de tous ceux auxquels j'adressais des questions.

A Chantilly, je me fis montrer le château du prince de Condé. Les bois d'alentour m'avaient appartenu. Ils faisaient partie de l'apanage que l'Empereur avait érigé pour mon second fils, lors de la réunion de la Hollande à la France[1].

Je n'étais jamais venue dans ces lieux, et je pensais bien qu'on ne devait pas s'y souvenir de moi. Je demandai à notre conducteur à qui avaient appartenu ces bois ; il me nomma, et ajouta : « On a parlé longtemps d'elle ici ; on » disait toujours qu'elle rôdait dans le pays, dé- » guisée. Depuis quelques années on n'en sait » plus rien ; j'ignore ce qu'elle est devenue. »

[1] L'Empereur, en réunissant la Hollande à la France, en 1810, m'avait assigné un revenu de deux millions, dont un million sur le trésor, comme prince français, et le second million composé de cinq cent mille francs de rente en bois autour de Saint-Leu, et de cinq cent mille francs qui devaient être pris sur les propriétés de la couronne en Hollande. Ce dernier million était l'apanage de mon second fils Louis-Napoléon, et je devais en avoir le revenu jusqu'à sa majorité.

Mais, pour m'éviter l'embarras d'une administration compliquée, l'Empereur fit vendre les biens de Hollande au profit du domaine extraordinaire de France, et me donna, pour représenter cette valeur, une inscription de cinq cent mille francs de rente sur le grand-livre de France. En 1814, les Bourbons reprirent et le million du trésor, et les bois de Saint-Leu, et l'inscription de cinq cent mille francs représentant les biens de Hollande ; le tout moyennant la cession qu'ils me firent du duché

— Elle est sans doute morte, lui dis-je ; et je ne sais pourquoi cette idée me plaisait, puisque j'étais oubliée.

de Saint-Leu, qui, suivant la clause des lettres patentes, devait toujours me représenter quatre cent mille francs de rente. En 1815, on le reprit encore.

Mon fils aîné était grand-duc de Berg. L'Empereur conservait sa tutelle jusqu'à sa majorité. Il reçut, pendant cinq ans, de ce duché, cinq millions nets chaque année. L'Empereur les consacrait tout entiers aux embellissements de Paris, en attendant le compte qu'il devait en rendre à mon fils à sa majorité.

Voilà comment l'Empereur employait, pour le bien général, même les revenus de sa propre famille ; aussi le peuple profitait-il toujours de cette puissance arbitraire qu'on lui a tant reprochée.

Quant à moi, si j'insère ici tous ces détails, c'est pour répondre à de ridicules calomnies. Car je n'eus dans aucun temps la prétention de réclamer toutes ces richesses de la France. J'ai considéré les événements de 1814 comme un naufrage complet, et je n'ai jamais fait valoir de droits que sur les arriérés de mon million de rente du trésor, arriérés compris dans la dette publique de 1814, reconnus par les Chambres et reçus par ce même trésor, qui devait m'en rendre compte.

XVII

De Chantilly je voulus passer par Ermenonville et Morfontaine. Je tenais à montrer à mon
fils ces lieux intéressants que j'avais vus jadis
avec ma mère et l'Empereur, dans des temps si
prospères. Je trouvais partout de l'accord entre
moi, ma position et ce que je visitais ; tout me
paraissait triste et abandonné; nous avions éprouvé le même sort. Que de changements survenus
pour moi comme pour ces campagnes autrefois
si brillantes ! Au milieu de quel luxe je les avais

laissées ! A Ermenonville, des chasses offertes à l'Empereur me montraient la somptuosité de ses propriétaires ; aujourd'hui l'herbe y croît partout. Un mauvais bateau sert à mener à l'île des Peupliers, consacrée à Jean-Jacques. Je m'y laissai conduire par mon fils ; nous allâmes y écrire nos noms sur le tombeau.

A Morfontaine, tout me parut encore plus délabré ; les alliés l'avaient pillé en 1815, et rien n'avait été réparé depuis. Ce fut là que, sous le consulat, le traité de paix avec l'Amérique fut signé, et où je vis la plus belle fête qu'on puisse imaginer. Cette terre appartenait alors à Joseph Bonaparte. Ma pauvre belle-fille, si accablée de douleur à présent, y passa toute son enfance, et regrettait toujours ces beaux lieux. On se souvenait encore dans ce pays de la bonté inépuisable du roi et de la reine, et de cette simplicité de mœurs qui les ont toujours fait chérir.

A Saint-Denis, j'eus encore des souvenirs plus particuliers : c'était sous ma protection immédiate que cette institution de jeunes filles de légionnaires avait été établie. Voilà la seule royauté que j'eusse regrettée [1]. Je n'osai m'y montrer, j'y connaissais encore trop de monde ; mais j'allai dans l'église et je descendis dans les caveaux ; quelques étrangers, curieux comme nous, nous y suivirent. Louis XVIII, seul des rois de sa dynastie, reposait sous ces voûtes que l'Empire avait vu restaurer pour y placer la nouvelle famille adoptée par la France. Et, étrange effet des vicissitudes humaines, son chef demeurait au pouvoir des Anglais, et tout le reste devait mourir dispersé sur la terre étrangère !

Je me rappelais le jour où j'étais venue voir cette église à laquelle on travaillait encore. J'étais alors fort malade, et la pensée bien naturelle me vint que je serais sans doute la première qu'on porterait dans ce lieu. A présent, même vivante, j'avais à peine le droit de le visiter. Chaque fois que le gardien nous indiquait les différents ca-

[1] J'étais princesse protectrice des maisons impériales d'Écouen et de Saint-Denis. Huit cents jeunes personnes y étaient élevées. Elles priaient pour l'Empereur et pour moi.

veaux destinés aux Bourbons, une femme assez âgée, accompagnée d'une jeune fille, me disait tout bas : « C'est l'Empereur Napoléon qui a fait » cela ; il ne montre pas une chose fort belle qui » existait, avec des abeilles [1]. »

La confiance qu'elle m'accordait me porta à lui faire quelques questions sur l'institut. Elle y répondit et me présenta sa fille qui y était élevée ; elle ajouta : « C'est là que l'on n'a pas ou- » blié le bien que l'Empereur Napoléon a fait. » On manifestait avec tant d'ardeur l'amour » qu'on lui a conservé, que la duchesse d'An- » goulême en avait de l'humeur et n'y venait » jamais. »

Mon fils aurait bien désiré aller à Saint-Leu, lieu témoin de sa première enfance ; j'aurais trouvé là des tombeaux qui m'étaient chers [2], mais c'était trop m'éloigner de ma route, il fal-

[1] C'était la porte en bronze qui devait clore les tombeaux.

[2] Mon fils aîné, mort en Hollande, avait été déposé à Notre-Dame, en attendant que Saint-Denis fût achevé. Les Bourbons l'en firent ôter en 1814. Je le réclamai, et le fis placer dans

lait y renoncer. D'ailleurs, revoir cette campagne créée par moi, qui avait été récemment témoin de la mort affreuse d'un vieillard, et devenue la propriété d'une autre personne, c'eût été aller chercher une impression trop pénible !

Je tournai donc Paris par le chemin de la Révolte, et je continuai ma route jusqu'à l'église de Ruel, où se trouve le tombeau de ma mère.

Quel sentiment douloureux m'oppressa lorsque j'entrai dans ce lieu, que je me mis à genoux devant cette image chérie, et que la triste pensée me vint que de tout ce qu'elle avait aimé, je restais seule avec mon fils, isolée et obligée de fuir même le lieu où elle reposait. La quantité de fleurs qui ornaient ce monument (que mon frère et moi avions eu tant de peine à obtenir la permission de faire élever) me prouva qu'elle était restée au moins au milieu de ses amis, auxquels

---

l'église de Saint-Leu. J'avais fait construire tout près une chapelle pour madame de Broc, amie de mon enfance, que j'avais perdue en 1813.

son souvenir était toujours cher. Sa fille seule était oubliée !

Je m'arrêtai à la porte du château de Malmaison ; je tenais à y entrer. C'est de là que l'Empereur avait quitté la France pour jamais ! c'est là que je fus heureuse d'adoucir par mes soins ces tristes moments où tout l'abandonnait, et où, du faîte de la plus haute des gloires, il tombait dans la plus grande des infortunes. Après Waterloo, je le vis encore plein de courage, oubliant son propre malheur, voulant à tout prix sauver la patrie, prédisant tout ce qui allait l'accabler si elle ne se défendait, et sentant tout ce qu'elle avait encore de force, réunie à lui. On le repoussa. On redoutait ce qu'on appelait *ses chaînes*, et, au nom de la liberté, on se livra à celles des ennemis de la France !

Il me fut impossible de vaincre l'ordre du nouveau propriétaire, qui avait défendu de laisser voir ce lieu sans billet. Mon neveu avait vendu la Malmaison à un banquier qui gardait pour lui une portion des jardins, le château, et qui s'était déjà défait de tout le reste. Il était difficile de s'y reconnaître ; et pouvais-je me croire au même lieu que j'avais laissé si beau, où j'étais toujours reçue avec tant de joie, quand l'entrée m'en était aussi cruellement interdite?

Ah! je n'étais venue chercher en France que des tombeaux, et je m'y voyais, seule du passé, avec mes souvenirs [1] ; sans doute il était naturel

---

[1] En 1828, la charmante Delphine Gay me fit des vers qu'on chanta chez moi, en Suisse, et qui semblaient prédire ce qui m'arrivait.

LA PÈLERINE

ROMANCE A DEUX VOIX

Paroles de Mlle *Delphine Gay*, musique de M. *Amédée de Beauplan*

Wolfsberg, 1828.

Soldats, gardiens du sol français,
Vous qui veillez sur la colline.
De vos remparts livrez l'accès,
Laissez passez la pèlerine.

Les accents de sa douce voix,
Que nos échos ont retenue,
Et ce luth qui chanta Dunois,
Vous annonceront sa venue.

Soldats, gardiens, etc.

que l'absence fît oublier à ceux qui restaient dans la patrie, l'affection qu'ils nous avaient montrée; mais, sur une terre étrangère, la vie du cœur s'arrête, le passé est tout; il n'y a plus, avec l'exil,

> Sans peine on la reconnaîtra
> A sa pieuse rêverie,
> Aux larmes qu'elle répandra
> Aux noms de France et de patrie.
> Soldats, gardiens, etc.
>
> Son front couvert d'un voile blanc
> N'a rien gardé de la couronne;
> On ne devine son haut rang
> Qu'aux nobles présents qu'elle donne.
> Soldats, gardiens, etc.
>
> Elle ne vient pas sur ces bords
> Réclamer un riche partage;
> Des souvenirs sont ses trésors,
> Et la gloire est son héritage.
> Soldats, gardiens, etc.
>
> Elle voudrait de quelques fleurs
> Parer la tombe maternelle,
> Car elle est jalouse des pleurs
> Que d'autres y versent pour elle.
>
> Soldats, gardiens du sol français,
> Vous qui veillez sur la colline,
> De vos remparts livrez l'accès,
> Laissez passer la pèlerine.

de présent ni d'avenir. En France tout avait marché, tout s'était renouvelé, et moi seule je m'y retrouvais avec les mêmes sentiments et les mêmes regrets. Pourtant, si l'oubli est pénible, il est la conséquence naturelle des événements, tandis que la calomnie décèle une malveillance qu'il est cruel d'avoir à ajouter à ses malheurs; mais j'ai su aussi la pardonner; et quand je puis me dire: « En dépit de tout, il est encore dans mon pays des cœurs qui m'aiment, » je me sens consolée.

XVIII

Je devais passer devant un ancien château que j'avais hérité de ma mère, et qui, mis sous un autre nom (à la suite de la loi qui nous avait interdit de rien posséder en France), m'appartenait encore ; du moins je le croyais, puisque, quoique j'eusse envoyé l'autorisation de le vendre, je n'en avais pas reçu le prix. Le revenu servait à payer les pensions que j'avais conservées en France. Je faisais la description de ce château à mon fils, pour qu'il le remarquât en passant.

Tout avait disparu. Je crus que ma mémoire me trompait; je fis arrêter, et demandai au postillon s'il n'existait pas là un beau château à la place de cette petite maison. « Oui, me dit-il ; mais de-
» puis un an il est abattu, et la plupart des terres
» vendues par lots. » Ainsi j'apprenais là que ma terre avait était vendue et mon château démoli sans que je m'en fusse doutée. Je croyais donc avoir tout perdu, et je me disais que ceux qui sont bannis de la patrie doivent s'attendre aux injustices privées et publiques. Ce que cette perte avait surtout de cruel pour moi, c'était l'impossibilité où j'allais me trouver de soutenir les anciens serviteurs de ma mère et les miens. Cependant je me rassurai en pensant que la totalité des terres n'était peut-être pas encore vendue ; qu'il serait possible que j'en retirasse quelque chose, et qu'en restant dans mes montagnes de Suisse, même l'hiver, en renonçant à la ville, je pourrais peut-être encore secourir tant d'infortunés qui ne subsistaient que par moi. Cet espoir me fit prendre mon parti sur ce nouveau désastre.

Par Versailles et la Croix-de-Berni, j'arrivai à Melun, puis à Sens.

Dans plusieurs villages, je vis les portraits de l'Empereur et de toute sa famille. A une foire, je les achetai, ainsi que le mien.

Je me trouvai à Sens le 15 août. Il faisait un temps superbe. On lançait un ballon dans une petite promenade où toute la ville était réunie.

J'y allai après mon souper, et, selon mon habitude de trouver une sorte de satisfaction à m'identifier aux intérêts des plus malheureux, je m'assis sur un banc de pierre à côté d'une marchande de plaisirs. Elle attirait les passants avec une roue de fortune qui donnait autant de gâteaux qu'en marquait le sort. Mon fils s'amusait à la questionner, ainsi que son mari. Celui-ci, moins occupé de sa vente, nous racontait que les habitants de Sens, au commencement de la révolution, lui avaient monté la tête pour la république, qu'il s'était fait soldat; que, blessé à l'armée, il n'avait pu continuer à servir, et qu'on lui avait donné une pension. Il ajouta: « Sous Bona-

» parte, on m'en avait ôté le tiers. — Alors,
» vous ne devez pas l'aimer, disait mon fils. —
» Oh que si! c'est égal; dans ce temps, voyez-
» vous, tout le monde *fleurissait*; il n'en est pas
» de même à présent. Vous voyez ce que je
» vends? eh bien, tous les dimanches alors je
» vendais quatre fois davantage. »

Petit à petit nous entrions plus avant dans la confiance de monsieur et madame Abate, c'était le nom de nos nouvelles connaissances ; nous fûmes bientôt au fait de toutes leurs affaires. Ce qui ajoutait à leur considération pour nous, c'est que mon fils doublait la portion des plaisirs que venaient acheter de jeunes écoliers, de jeunes ouvrières et de vieux invalides. Vendeurs et acheteurs y gagnaient également. Cependant une jeune fille vint causer à notre couple un grand désappointement, en demandant un gâteau qu'ils n'avaient pas. Cette humiliation faite devant nous leur fut sensible, et pour l'effacer à nos yeux, ils nous détaillèrent longuement la manière dont se faisait ce gâteau qu'ils connaissaient parfaitement;

et, tout en se récriant beaucoup sur le mauvais goût de ceux qui pouvaient en manger, ils finirent pourtant par avouer qu'ils pourraient très-bien en faire, si le four nécessaire ne leur manquait. Il fut facile de ne pas le leur laisser désirer longtemps.

Je ne puis dire combien je trouvais d'intérêt à étudier de si près ces mœurs populaires. Quand je me rappelais la France avant le règne de l'Empereur, la triste la malheureuse position du peuple alors, et qu'un paysan exprimait si bien au général Bonaparte, à son retour d'Égypte, en lui disant: « Ah! que vous avez bien fait de » revenir, général, ils nous *grugeaient* tous; » et quand je songeais à ce temps de l'Empire, temps de prospérité dont le peuple se souvient encore, parce que, confiant dans l'homme auquel il avait remis ses pouvoirs et son sort, il ne fut pas trompé dans son attente, et reçut améliorations dans le présent et sécurité pour l'avenir; quand je me rappelais ce progrès si marqué, j'étais étonnée maintenant de ne pas revoir ce peuple, après seize ans de paix et d'abondance, plus instruit, plus heureux! Comme en Suisse, en Allemagne, en Angleterre, je cherchais dans chaque village une école, un hôpital; c'était en vain. Je retrouvais le peuple toujours gai, laborieux, résigné, mais plus misérable peut-être? Comment ne regretterait-il pas celui qui seul avait compris et avait commencé à mettre à exécution tout le bien qu'on pouvait lui faire; et comment ceux qui dénigrent encore le règne de l'Empereur, et cherchent de l'intrigue dans l'amour qu'il inspire, ne vont-ils pas interroger ce peuple et recevoir l'explication de l'affection qu'il lui conserve? Ah! pourquoi quinze ans de paix, avec des finances laissées dans un état prospère et le maintien d'énormes impôts, n'ont-ils pas servi à soulager cette portion si intéressante de la nation, ce peuple pour qui tout est privation? Les mœurs françaises sont douces, polies, l'ordre et l'activité en font la base; c'est le pays où ces caractères distinctifs y sont le plus répandus.

Je jouissais de voir partout des femmes occupées de leurs enfants, de leur ménage, sans négliger les travaux même les plus pénibles. Cela me rappelait que l'Empereur avait dit à Mme Campan, en la mettant à la tête de l'institut d'Écouen : « Ce sont des mères que je vous prie de m'éle-
» ver ; elles seules forment les hommes et as-
» surent les mœurs d'un pays. »

Le même but était suivi dans les six maisons d'éducation pour le peuple qui étaient aussi sous ma protection, et que dirigeait la pieuse Mme de Leseau. Les talents d'agrément en étaient exclus ; mais on apprenait à être femme utile et mère estimable. Je jouissais de l'idée que ces institutions, créées par nous, répandues depuis vingt-cinq ans, y avaient porté cette civilisation que je remarquais plus particulièrement et que je pouvais mieux juger en France que dans les autres pays que je venais de parcourir. Il y avait un grand charme pour moi à me trouver au milieu de ces bonnes gens et à causer avec eux. J'étais sûre d'avoir des amis si j'eusse dit qui j'étais. Cette idée me consolait de tous les désappointements que j'avais éprouvés.

Un jour, plus fatiguée qu'à l'ordinaire, je ne pus arriver jusqu'à la ville. Je m'arrêtai dans un village. Ce petit nombre de familles groupées dans une retraite champêtre, m'a toujours donné l'idée d'une existence désirable. C'est peut-être par opposition à la vie d'agitations et de mouvement qui me convient si peu et à laquelle je suis condamnée ! Mais ce lieu rétréci qui devient l'univers pour ses habitants, ce lieu qui les voit naître et mourir ensemble, qui contient tout ce qu'ils connaissent, tout ce qu'ils aiment, qui semble borner là pour eux tous les intérêts du monde ; où ce même clocher qui domine au-dessus de leur tête leur représente constamment l'endroit du repos, de la prière, comme de leurs plus douces émotions : n'est-ce pas ce qu'il faut envier? Heureux l'homme qui vécut au milieu des siens, et qui meurt où il est né ! C'est la vie du village !

L'auberge de celui où je m'arrêtai paraissait

misérable. (Mon courrier voulait m'engager à aller plus loin.) Je descendis pour en juger moi-même, et je ne résistai plus aux vives sollicitations de l'hôtesse, lorsque je vis, dans la chambre qu'elle me proposait, le portrait de mon frère, gravure qui le représentait au tombeau de ma mère. C'était un souvenir qu'il m'était doux de rencontrer, et auquel je devais trop de reconnaissance, pour ne pas passer par-dessus les petits inconvénients d'un mauvais gîte.

Près de là se trouvait un château où j'allai en me promenant. La maîtresse de la maison vint avec grâce et politesse au-devant de moi et me fit entrer au milieu de son intéressante famille. Je me dis de Genève. Son mari, M. P. de V...., qui était alors à la chambre des députés, venait autrefois chez moi. Il était curieux de nous entendre parler de lui, de toute la société de Paris et d'apercevoir toutes les conjectures dont j'étais l'objet.

Je me trouvais dans le pays qui avait le plus souffert par la guerre. Le souvenir du courage des habitants pour la défense, et de leur détresse après la conquête, y était encore présent. Je les questionnais sur ces malheurs qui m'avaient tant attendrie, et je pensais avec douleur que quoique ce fût la seule plaie qu'ils eussent à ressentir de notre temps, elle n'en était pas moins réelle. La guerre m'a toujours paru le fléau de l'humanité ; j'espère qu'il viendra une époque de civilisation où l'on ne comprendra pas comment des hommes se sacrifiaient pour le bon plaisir et les intérêts des autres. Mais il faut, pour réaliser cet espoir, qu'un pays ne se croie pas le droit de venir imposer des lois à un autre ; car, avant tout, il faut être fort, même pour être libre.

XIX

Je m'éloignai enfin de cette France dont le souvenir m'avait toujours été si doux, de cette patrie qui nous faisait encore expier par une plus longue séparation d'elle l'honneur de porter un nom dont la gloire s'associe à ses plus hautes gloires, un nom dont le bruit seul paraissait une force aux yeux de l'étranger. Elle ne cessera jamais pourtant, comme elle n'a jamais cessé d'être, cette patrie, l'objet de mes plus vives, de mes plus tendres affections. Frappée au cœur par la plus inconsolable des douleurs, la perte d'un fils, j'avais trouvé en revoyant la France, même sous le poids de la proscription, un intérêt dont je ne me croyais plus susceptible. Ce mouvement forcé et cette occupation constante de la pensée avaient été une puissante distraction à mes chagrins ; mais une loi cruelle me forçait à renoncer à voir mon pays plus longtemps, l'Italie aussi me devenait fermée puisqu'elle l'était à mon fils.

La Suisse au moins me restait encore. La Suisse avait été mon premier asile au moment où l'effroi des puissances alliées poursuivait partout notre nom ; c'était là que j'avais trouvé un point de repos après nos grands revers. Un des cantons, le canton de Thurgovie, avait eu le courage de me conserver, en dépit des menées diplomatiques, malgré les persécutions de tous genres dont j'avais été l'objet de la part de la Restauration. J'avais goûté quelques moments plus calmes au milieu de cette nature si belle, de ces habitudes si simples, de ces cœurs si dévoués. Je venais redemander à cette terre paisible une retraite qui ne m'est du moins plus contestée. Après des malheurs plus cruels que ceux qui m'accablaient lorsque j'y vins pour la première fois, je revis mes montagnes, et je me retrouvai livrée enfin à moi-même avec toutes les blessures de mon cœur.

Je croyais quelquefois avoir fait un rêve affreux, et j'aimais souvent à douter de la réalité de tout ce que je venais de souffrir. Mais en écrivant ces derniers et cruels malheurs, j'ai réveillé toutes mes douloureuses impressions, et c'est avec des larmes souvent répandues que j'ai eu le courage d'arriver jusqu'à la fin de mon récit.

Il ne me reste plus rien à dire maintenant, sinon que, blessée d'être soupçonnée par le gouvernement français, je ne fis plus aucune démarche. Je ne lui rappelai pas ses promesses, je n'en attendais plus rien. Je renonçai même à réclamer ce qui m'était dû [1]; je savais trop que pour expliquer la faiblesse d'une position et les embarras

---

[1] J'écrivis seulement à M. Périer pour le prier de faire placer les vieux serviteurs de ma mère sur la liste des pensionnaires de l'État. Je renonçais alors à ce prix aux sommes qui sont dues à l'impératrice, et qui me reviennent encore, n'ayant à cœur que de soulager les anciens serviteurs de celle dont les bienfaits et le souvenir n'ont pu être bannis de la France. M. Périer, en recevant ma lettre, dit qu'il allait me répondre; il tomba malade et mourut.

de la puissance, on se laisse facilement persuader que l'énergie des mécontents ne peut être que payée. Aussi, je ne voulais pas qu'on pût nuire à mon caractère, en me supposant capable d'employer la fortune qui me serait rendue à fomenter des troubles dans ma patrie. On ne l'avait que trop inventé autrefois, pour expliquer le merveilleux retour de l'Empereur et l'affection que le peuple lui conservait.

Je n'avais pas oublié que dans ce temps où le parti vainqueur nous accablait d'injures et de libelles, le baron Devaux, chargé à cette époque de suivre mes affaires en France, s'en plaignit à M. Decazes, alors ministre de la police, qui lui répondit : « Ce n'est pas moi qui les fais faire ; » mais je ne puis les empêcher : c'est notre po= » litique, cela les déconsidère, cela les chasse. »

Une telle indignité ne pouvait plus recommencer ; mais le souverain, fût-il même très=moral, n'est pas toujours maître des coups que son gouvernement peut porter à ceux qu'il croit ses ennemis ; aussi je préfère rester dans ma médiocrité, elle ne m'effraye point ; je sais la supporter.

Le renouvellement de la loi d'exil, et l'assimilation qu'on fait de nous aux Bourbons, sont la preuve des sentiments et des craintes qui existent à notre égard. Pas une voix amie ne s'est élevée en notre faveur [1]; cette indifférence a doublé l'amertume de ce nouveau bannissement. Qu'ils soient heureux pourtant ceux qui oublient! qu'ils rendent surtout la France heureuse! ce sont mes vœux.

Quant au peuple, s'il se rappelle sa gloire, sa force, sa grandeur, et la sollicitude constante dont il fut l'objet, notre souvenir lui sera toujours cher. J'en ai la conviction, et cette pensée est la plus douce consolation qu'on puisse conserver dans l'exil, comme emporter avec soi dans la tombe.

Arenenberg, ce 28 décembre 1832

[1] Un seul député, M. Marchal, éleva une voix qui demeura impuissante.

FIN

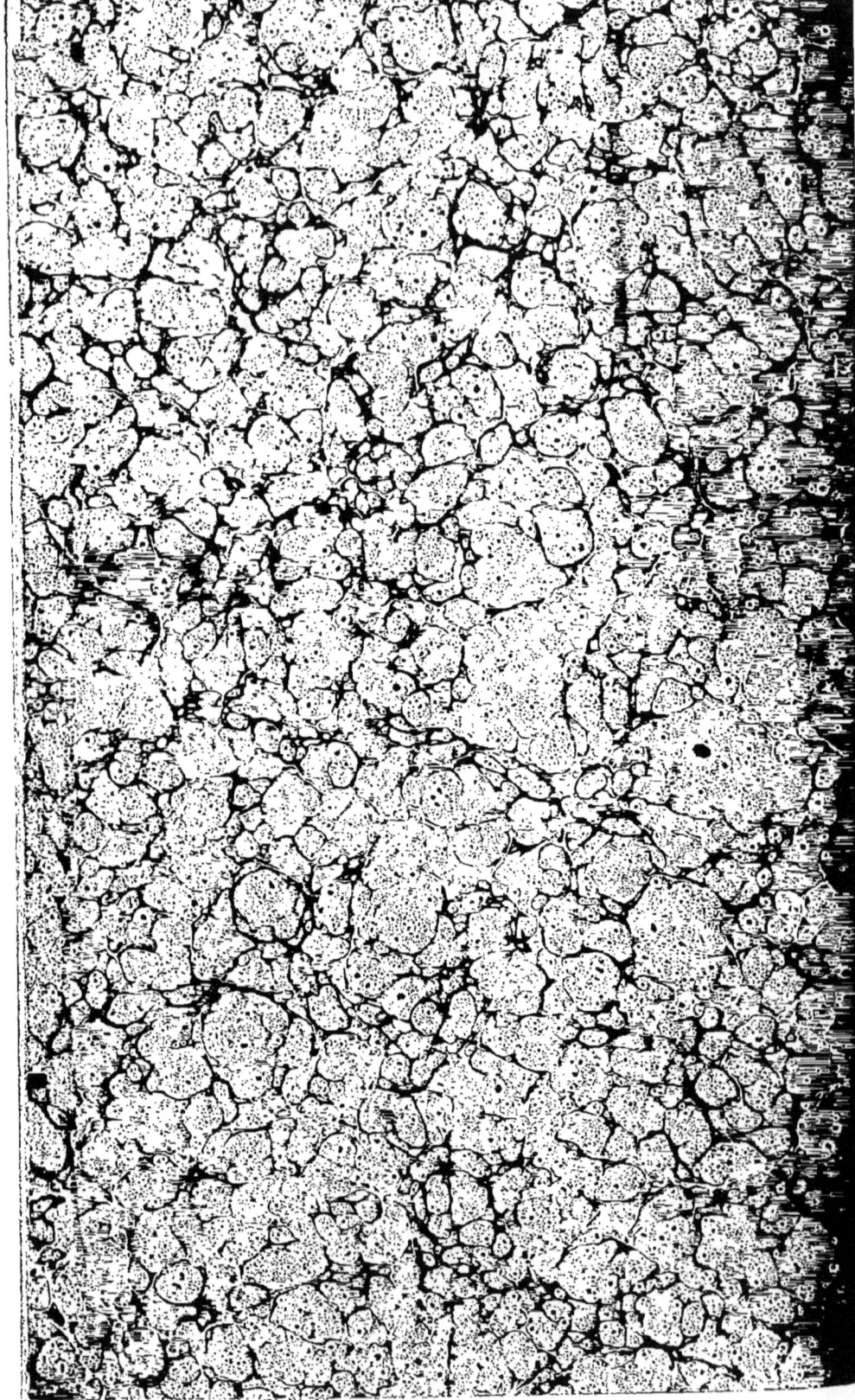

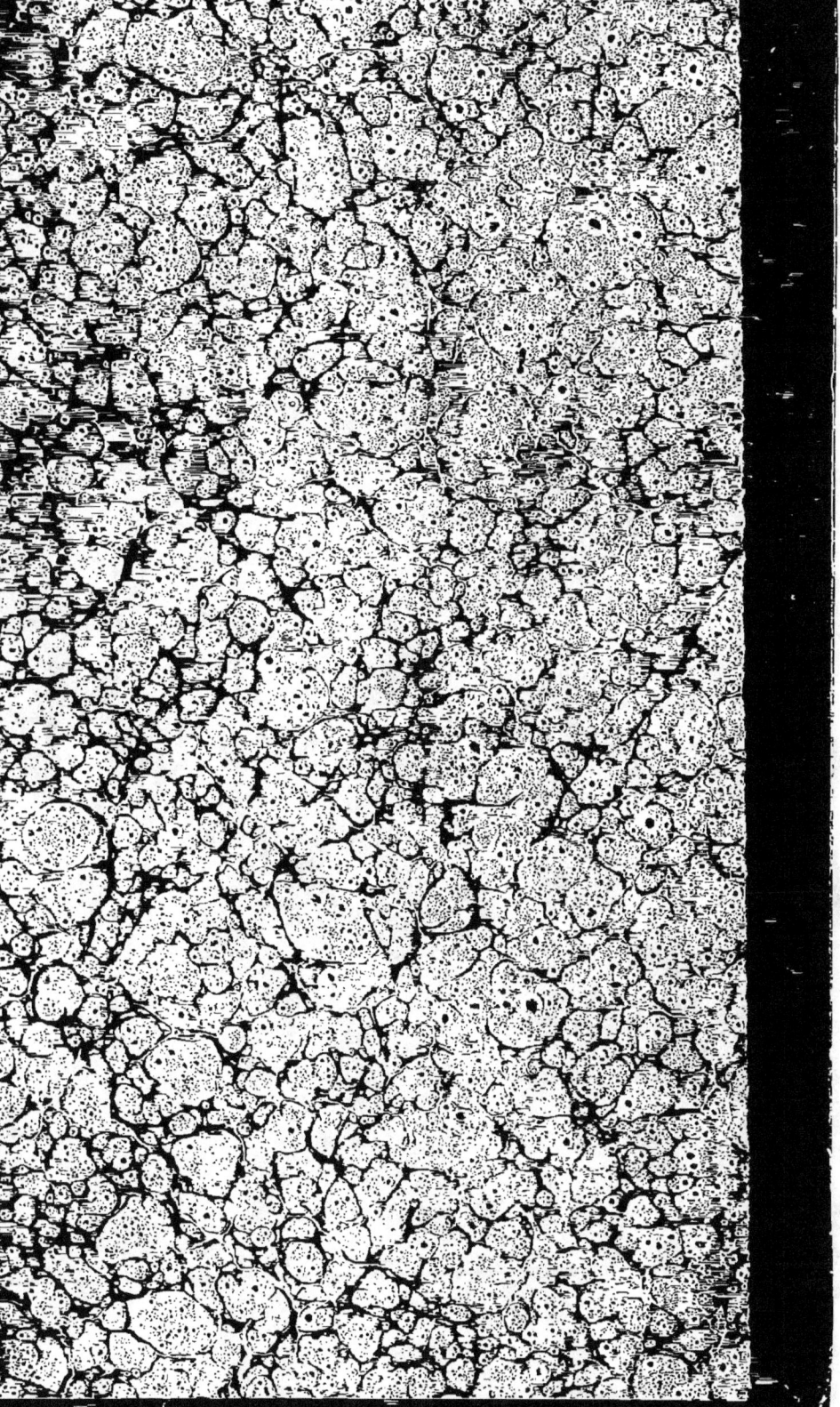

www.ingramcontent.com/pod-product-compliance
Lightning Source LLC
Chambersburg PA
CBHW071421150426
43191CB00008B/997